Batalla
cósmica

Lucy Aspra

Batalla cósmica

Cómo envolvernos de luz celestial
para ser conducidos por los
ángeles con amor

alamah°

Copyright © 2009 Lucy Aspra

De esta edición:
D. R. © Santillana Ediciones Generales, S.A. de C.V., 2009.
Av. Universidad 767, Col. del Valle.
México, 03100, D.F.
www.alamah.com.mx

Primera edición: noviembre de 2009

ISBN: 978-607-11-0351-2
D. R. © Diseño de cubierta: Víctor M. Ortíz Pelayo

Las viñetas que aparecen en el libro son adaptaciones de Ismael Trejo Zenteno

Impreso en México.

Con profundo amor y respeto,
dedico este libro a san Miguel Arcángel,
mi abogado y protector.

ÍNDICE

Quiénes son los extraterrestres. Teorías sobre su origen. El caso del sargento Stone. Extraterrestres "benevolentes" o "hermanos galácticos". El ave fénix. "La gran puerta" y los elders o ancianos sabios. Los guardianes. Resumen del supuesto objetivo de los extraterrestres, según un abductor. Alfabeto extraterrestre y símbolos. Incongruencias: cómo actuarían los seres humanos si tuvieran la tecnología para invadir otros planetas. Intenciones de los extraterrestres. Ovnis y extraterrestres en los libros sagrados. Apariciones. Los vimanas. Pequeño ejercicio.

Origen de la rivalidad entre grupos ocultos. Facciones rivales y organizaciones clandestinas. Prisión mental con ondas de frecuencias muy bajas. Cómo protegerse celestialmente. Control mental, proyecto Monarca y otros programas clandestinos para producir esclavos mentales. Detrás de los sistemas de control. Armas electrónicas y síntomas de ataques. Manipulación del clima. Telefonía celular. Microchips. Qué es un microchip. Testimonios de víctimas de implantes. El código de barras. Factores externos que afectan la salud: sendas químicas. Instalaciones ocultas en aviones. El silencio de los medios de comunicación. Maniobras para desacreditar a investigadores. Montaje de invasión. Los controladores. Pacto secreto. Alternativa 3.

Cómo se percibe un abducido a sí mismo. Síntomas de abducción. Reflexiones y hechos. Características y acciones de los extraterrestres. Rituales satánicos. Sacrificio de animales. Ovnis y mutilaciones. Tormentos y daños. Extraterrestres negativos, ¿demonios de la antigüedad? Algunas incongruencias en el comportamiento de los abductores. Sincronicidades en encuentros amorosos. Orbs o esferas luminosas. Energía sexual. La batalla por las almas. Les interesa la Tierra.

Partículas esparcidas. Viaje en el tiempo. Extraños acontecimientos e identidades suplantadas. Antigua

base aérea. Los experimentos en Montauk. Captura de almas. Características y relaciones extraterrestres. Traslación de conciencia. Violación de la abuela. Víctimas de engaños y mensajes falsos.

Protección. Oración de protección al retirarse a dormir y petición para aprender a cambiar nuestro estado de conciencia. Cómo pedir la asistencia de los Ángeles. Conclusión. Oración para escoger a San Miguel Arcángel como protector.

ACLARACIÓN

Este libro forma parte de una exhaustiva investigación sobre los seres invisibles que nos rodean y es la continuación del libro *Ángeles y extraterrestres*. En este volumen se analizan nuevos aspectos del fenómeno ovni, de los Ángeles y del modo en que están siempre con nosotros llenándonos de amor, y de cómo los Ángeles pueden ayudarnos especialmente ahora, que el planeta atraviesa una situación complicada, pues ellos son los seres divinos que Dios ha puesto para guiar a la humanidad. Los extraterrestres, si aún están conectados a Dios por medio del hilo de vida, también tienen Ángeles guardianes que los supervisan amorosamente. Quizá no siempre siguen sus directrices, porque "como es abajo es arriba"; es decir, así como los seres humanos de la Tierra tienen la libertad de elegir su destino, de pensar, sentir y actuar como deseen; los seres de los diferentes espacios también. Dios ama a todos sus hijos por igual, sin importar en qué lugar del Universo se encuentren, y todos los seres que han salido de su seno deberán evolucionar hasta tener la capacidad de amar noblemente y sin reservas. Cualquier ser, sea natural de nuestro planeta o

de otro, deberá evolucionar espiritualmente hasta perder el deseo por las cosas materiales. Cuando logre ese estado de conciencia, habrá aprendido a dominar la materia, su único interés será servir a los demás. No anhelará experiencias terrenales, no le atraerá conocer nuevas tecnologías, no infligirá dolor a nadie, no secuestrará ni hará nada en contra de la voluntad de ningún ser del Universo.

La aclaración que sigue también aparece en el libro *Ángeles y extraterrestres*, la repito porque abarca los mismos conceptos:

Me gustaría aclarar, antes de comenzar mi exposición, que el presente trabajo es de investigación y no refleja necesariamente mi punto de vista, exceptuando lo referente a los Ángeles, hacia quienes siempre inclino mi corazón. A medida que he estudiado más sobre su admirable labor, aparte de las experiencias místicas que he tenido y el sinnúmero de testimonios que he recibido de personas de todas las condiciones, no me queda ninguna duda de que son seres espirituales de naturaleza completamente benigna y amorosa y su labor está enfocada a nuestro desarrollo espiritual. Su condición no se relaciona en ningún aspecto con la que presentan los seres que llamamos extraterrestres. Éstos, de acuerdo con mi enfoque, son seres que evolucionan igual que los humanos, por lo que son semejantes a la gente que habita en el planeta: alguna es benevolente, otra indiferente y existe otra que practica la maldad. Los Ángeles son puramente espirituales, nosotros somos seres espirituales con un cuerpo físico, que es el instrumento de trabajo en el mundo material, pero en cuanto a los extraterrestres, nadie sabe cuál es su naturaleza.

He tratado de ser objetiva presentando los datos como aporte informativo. De ahí que en este libro aparezcan con

frecuencia las palabras: "se supone", "es probable", "se presume" y otras semejantes porque, independientemente que no me constan los hechos que se relatan, en muchos casos, los mismos autores aclaran que exponen lo que perciben y asimilan según sus experiencias y no porque se conozca con precisión la naturaleza, la procedencia y las intenciones de los extraterrestres. Nada es claro cuando se trata de ovnis y extraterrestres porque, desde mi perspectiva, su comportamiento no es racional.

Cuando nos acercamos a los Ángeles todo se vuelve claro, empezamos a comprender aquello que nos corresponde para nuestra etapa de crecimiento. Ademas, sentimos cómo su sutil emanación nos envuelve con su resplandor de protección, ayuda y amor. Los Ángeles están al alcance de nuestro pensamiento. Sólo necesitamos pensar en ellos para que de inmediato estén con nosotros.

AGRADECIMIENTOS

Este libro me tomó mucho tiempo de investigación pero siempre conté con el apoyo y comprensión de muchas personas. En primer lugar, quiero agradecer a mis tres adorados hijos: Sabrina, Renata y Rodrigo Herrera Aspra, quienes son mi cimiento. A Rodrigo, además, debo agradecerle su aporte económico para continuar con mi labor; a Renata, por motivarme con su ejemplo de perseverancia en todo lo que realiza; y a Sabrina, porque siempre me alienta, y me impulsó mucho para completar el libro cuanto antes. Doy gracias continuas por las bendiciones con las cuales Dios los colma, por la protección que les dispensa san Miguel Arcángel y por el resplandor de los ángeles que corona con éxito todo lo que emprenden y los envuelve a diario con su luz de protección, salud, amor, armonía, tolerancia, humildad y espiritualidad.

Doy gracias a mis siete divinos nietos: Renata, Regina, Sabrina, Sebastián, Rodrigo, Paulina y Alonsito, que me llenan de amor, incluso ayuda con ciertos temas; en especial Alonsito, de siete años, quien me asesoró con algunos datos sobre los mensajes subliminales de ciertas caricaturas que a su tierna edad ha sido capaz de captar. Agradez-

co a Sabrinita, de doce años, quien leyó el manuscrito de esta obra y me dio su aprobación: "Me gusta. Está preciso, conciso y entendible." Gracias a Águeda, mi querida nuera, por ser también mi amiga, por su apoyo e invaluable ayuda y por ser quien me sugirió que terminara cada capítulo con un mensaje de amor y esperanza.

A Sergio de la Torre por su amor, comprensión y presencia a pesar de mis múltiples ocupaciones. A Cynthia Aspra, mi querida sobrina, por su dulce y paciente compañía durante el año que fue parte de mi "encierro" mientras escribía este libro; a mi adorado hermano, Jaime Aspra, y a su esposa, Sonia, por su cercanía emocional; a mi hermana, Argentina Alvarado, por su amor y comprensión. A Gerry Palomba por su apoyo y gentil disponibilidad.

Además de mi familia, conté con la ayuda de angelitos terrenales que han estado pendientes de La Casa de los Ángeles y me han apoyado siempre: Lupita Díaz Arroyo, quien, además de tener un espacio cada semana para expresar su gran amor por los ángeles, con enorme entrega me suple todas las veces que por algunas actividades he tenido que ausentarme. En cuanto a entrega y devoción también tengo que mencionar a Jorge Páez Sánchez, Lolita Santos, Sylvia Ibarra, Cristi López, Angelita Romero, Silvia Casarín, Rosalba Reynoso, Josefina Moreno, Miguel Pérez, Graciela Alanís, Angie del Muro, Víctor Manuel García, Víctor Miranda, Carlota García, María de Jesús Camacho, Martha Elba Pimienta, Lidia Meza, Beatriz Reséndiz Mendoza, José Ramón Ramos, Tere Mendoza Díaz, Ángeles Rodríguez, Adriana T. Salas, Víctor Hernández y Jesús San Pablo. A Lidia Stigler y su esposo, José Hernández. A Fernando Gómez Rodríguez y Argelia Álvarez.

Doy gracias especiales a mis queridas amigas Ángeles Ochoa y Corina Verduzco, quienes siempre me dan mues-

tras de su sincera amistad y me apoyan en todo momento. A todos los que además de sus labores están dedicados a despertar conciencias; entre ellos, me siento distinguida de contar con la amistad del general Tomás Ángeles Dauahare, general Mario Fuentes, Mercedes Heredia, Lilia Reyes Spíndola, Yohana García, Claudia Elizondo y Brenda Gómez Lara. También agradezco a los amigos que me enriquecen con su deferencia, en especial a Yola Gómez, Gloria Palafox, Martha Venegas, Beatriz Tamez, Patty Correa, Angélica Sánchez y Enrique, Martita Ortiz y Javier, Lucy Martínez, Leticia Torreblanca, Rocío Balderrama, Paty Merino, María Eugenia Bedoy y su hija Elizabeth, Ana Luisa López, Leticia Viesca y Armando Díaz, Víctor Segarra, Manuel Rico, Carmen de la Selva, María Luisa Cuevas de Domínguez, Blanquita Carranza, Mari de Ayón, Ofelia de Solano, Bety Ortiz, Pedro Pineda, Rocío Vázquez González e Hilda Pola de Ortiz. A Yolimar de Russo, Clara Malca, Luz Marina Bustos, Sonia Pinel, Javier Urbina del Valle y Meche Pliego Velasco.

A mi querida amiga Crystal Pomeroy, otra persistente buscadora, por su ayuda al sugerirme y proporcionarme material para el libro; de igual manera a Fernando Ruiz, su esposo, por sus atenciones. También a Francisco Javier Sánchez Martos. A Pedro Jiménez, gran amigo, a quien admiro profundamente por su don de investigador y también por su disponibilidad para compartir el resultado de sus indagaciones.

Mi agradecimiento especial a María Elena de Parada y a su esposo Rubén por su siempre gentil actitud. A María Elena, Socorrito Blancas de Chi y Arturo Pérez. Debo agradecer sus continuas oraciones en La Casa de los Ángeles, lo cual permite que su vibración sea cada día más elevada.

Gracias a Eduardo Vogel y a su esposa, Luisa, por su constante apoyo y porque siento que son el medio que uti-

lizan los Ángeles para alentarme a seguir investigando y escribiendo. A Eduardo debo agradecer el hecho de que me haya puesto en contacto con la Grupo Editorial Santillana, a cuyo personal también agradezco su paciencia y confianza en el resultado final de este escrito.

A los lectores de mis libros anteriores, quienes me han motivado con sus correos y cartas para persistir en buscar cada vez más información concerniente a los Ángeles y su amorosa función. A las personas que asisten a las pláticas y conferencias porque, debido a su inquietud por saber si existe relación entre Ángeles y extraterrestres, sentí interés por investigar más sobre el tema. A los amigos que colaboran con mi hijo: Manuel Cruz García, Juan Araiza y Dulce Angélica Flores.

A los vecinos, por su paciencia y tolerancia: Andrea e Ivonne Toussant, Cecilia Gómez, Celia Navarrete, Mario Cordoba y Judith, su esposa, Angelina Fernández Gauffeny, y todos los que fueron escogidos por los mismos Ángeles para resguardar con amor su casa.

A los grandes comunicadores que me honran con su amistad y demuestran su gran amor y devoción por los ángeles: Irene Moreno, Víctor Tolosa, Karla López, Carlos Gil, Julieta Lujambio, Maxine Woodside, Talina Fernández, Alfredo Adame, Juan Ramón Sáenz, Alfonso Zaragoza, Fabián Lavalle, Mauricio Peña, Mario Córdova y Luisa María, Tere Ocampo, Juan Carlos Torrales, Gabriela López y Tony Aguirre. Mi agradecimiento siempre para mis amigas Marta Susana y Cristina Saralegui.

A todas las personas dedicadas a despertar conciencia de la realidad de los ángeles, no como figuras con funciones esporádicas sino como verdaderos seres que trabajan sin cansancio para conducirnos a determinar el mundo espiritual y a protegernos con amor; entre ellas, Lorena Tassinari, en especial por

su bellísima música angelical, Emilio Aodi, Mayra Martínez Zavalza, Eder Pliego y Javier Montiel, Carmen Segura, Georgette Rivera, Alex Slucki, María Elena Carrión, María Esther Erosa Vera, Jerusalén de Anda y Arlette Rothhirsch. A los sacerdotes que con profunda entrega devocional, comprensión y tolerancia me apoyan en todos los momentos; en particular debo mencionar al padre Amado Segovia. A otro gran ser que, aunque ya trascendió este mundo material, a diario recuerdo con amor: el padre Benito Garza (q.e.p.d.), cuya presencia como guardián celestial siento junto a mí continuamente.

Por su disponibilidad para compartir sus conocimientos y sabiduría, agradezco, sin conocerlos, a los múltiples abducidos que han tenido la valentía de exponer sus experiencias. A los investigadores que, a pesar de enfrentarse a la posibilidad de ser ridiculizados y atacados, han persistido en su búsqueda y cuya labor ha hecho cambiar a muchos individuos su percepción del mundo, aprender a leer entre líneas y dilucidar lo que en realidad existe detrás de las noticias. Un libro que cumple de manera extraordinaria con esta función es *The Biggest Secret* (*El mayor secreto*), de David Icke. Lo mismo puede decirse de todos sus libros, así como los de reconocidos investigadores como Jim Marrs, Jim Keith, Alex Constantine y muchos otros cuyos títulos aparecen en la bibliografía. Mi admiración y gratitud al doctor Masaru Emoto, por su sencillez y disponibilidad para compartir su sabiduría.

También quiero agradecer a los estudiosos del tema de los ovnis, a quienes admiro por su valentía y ardor al profundizar en contenidos que otros no se atreven por temor a ser ridiculizados o no formar parte de lo establecido. Sin su ejemplo y escritos yo no hubiera podido reunir la información necesaria para este libro, cuyo contenido no necesariamente está avalado por su aprobación. Aunque sé que son

muchos los que se han adentrado en este tema y que, gracias a su perseverancia, ahora existe un mayor número de personas interesadas en conocer más sobre él, debido al espacio sólo mencionaré a unos pocos para expresarles mi reconocimiento y gratitud: mi admiración a Jaime Maussán porque, a pesar de los obstáculos, ha persistido y gracias a él un asunto como los ovnis, cuyo enfoque antes provocaba sonrisas burlonas, ahora se percibe con mayor interés. En este rubro debo agregar también al gran investigador Sixto Paz, y a mis amigos Luis Ramírez Reyes, Johannan Díaz, Adrián Moscoso y a todas las personas y grupos que amablemente me envían información a través de internet, con datos que nos mantienen actualizados de las noticias recientes sobre muchos de los temas que aquí se exponen. Gracias a Ricardo G. Ocampo, Guillermo Herrera, Dante Franch, David Piedra, Boletín de la Renovación Carismática Católica, Secretaría RCC San Roque y Ana Isadora Adam Martínez.

Debido a la naturaleza controversial de los temas tratados en este libro, pido disculpas a quien pudiera sentirse ofendido por mi enfoque y conclusiones.

Finalmente, quiero agradecer a los mismos Ángeles por traernos las bendiciones de Dios, por permitir que pueda sentir su presencia en todos los momentos de la vida y por llegar continuamente al corazón de todos para transmitirnos el mensaje principal para los momentos que vivimos: "No están solos, tienen asistencia divina. Búsquennos porque estamos tocando la puerta de su corazón y esperamos tomarlos en nuestros angelicales brazos porque los amamos profundamente."

Ruego al Espíritu Santo que cubra con su resplandor de sabiduría y discernimiento a los lectores de este libro. Que Dios los bendiga y los Ángeles los envuelvan en sus alas de amor.

Lucy Aspra

PRESENTACIÓN

Cuando empecé a investigar con el fin de encontrar la diferencia entre Ángeles y extraterrestres, descubrí que el último es un tópico intricado y escabroso, cuanto más me adentraba en él, más incongruencias encontraba. Detrás del fenómeno ovni existen tantos misterios, inconsistencias y engaños, generados tanto por los seres que los tripulan (o que manejan una tecnología que no requiere equipo físico) como de algunos gobernantes, que me sentí obligada a tocar otros temas que a primera vista parecen no tener relación, pero que desafortunadamente están entretejidos con el fenómeno.

Encontré que resulta difícil presentar qué son los Ángeles si no se explica lo que no lo son; por ello decidí hablar sobre la paja que intenta empañar su divina naturaleza. Tampoco pensé que tendría que tocar el tema de los demonios, pero en todo lo que iba investigando, con frecuencia terminaba con sorprendentes evidencias presentando los muchos aspectos que relacionan el fenómeno "extraterrestre" y los encuentros demoníacos; como si ambos procedieran de un inframundo poblado por embaucadores que tienen mil

disfraces para engañar a la humanidad. Al concluir el libro sentí mucha tranquilidad de saber que con cuantos más datos tropezaba, más distancia encontraba entre Ángeles y extraterrestres.

Este libro, entre otras cosas, incluye algunas conclusiones de profesionales del campo de la medicina —cada vez un número mayor— que hablan sobre la realidad de las fuerzas oscuras, a las que perciben como entidades individualizadas y no arquetipos de la maldad de la conciencia humana. Han asumido esta posición debido, en algunos casos, a su participación directa en "exorcismos" y el ejercicio de liberación de almas cautivas. Entre ellos hay renombrados psicólogos, psiquiatras y sacerdotes que narran sus impresionantes experiencias en libros cuyos títulos pueden consultar en la bibliografía de esta edición. Varios, hacen una clara separación entre la naturaleza de extraterrestres y Ángeles, y explican que cada vez que necesitan practicar la expulsión de alguna entidad extraña del cuerpo de un paciente, buscan la ayuda de los seres superiores que conocemos como Ángeles. De hecho, el doctor Baldwin, en su libro Spirit Releasement Therapy, dice que no sugiere que esa terapia se realice sin la ayuda de estos celestiales seres y que es preciso invocarlos antes de comenzar cualquier tratamiento. En algunos casos, el ejercicio de liberación se realiza justamente para expulsar extraterrestres.

Antes de continuar, quiero aclarar que los Ángeles no me necesitan para establecer la diferencia entre ellos y otras entidades, pero por el gran amor que me inspiran, siento el deseo de expresar mi punto de vista, y me siento complacida de encontrar —después de mucha investigación— que coincide con el de varios estudiosos del tema, que establecen que la diferencia entre los distintos seres que pueblan el

universo es la evolución o edad del alma. Es decir, la diferencia entre seres terrestres, intraterrestres, extraterrestres, interdimensionales, ultraterrestres o seres que se desarrollan sólo con su vehículo espiritual, es el tiempo que tienen de haber salido del seno de Dios como espíritus individualizados. Y de acuerdo con su nivel de desarrollo será su comportamiento. Existen algunos, sin embargo, que en el trayecto del crecimiento espiritual pueden perder el camino y quedar al margen de la evolución.

Al analizar algunos de los temas de este libro se comprende que existe un grupo, una máquina de poder mundial orquestando las desgracias en el planeta, pero no muchas personas quieren conocer esta situación porque es más fácil soslayar las incoherencias. Sin embargo, es preciso estar conscientes de que todos formamos parte de la humanidad y aunque algunas situaciones no nos afectan directamente en el presente, sí existen muchas víctimas que sufren despiadadamente, y la energía de su dolor, si persiste la indiferencia, eventualmente cubrirá todo el planeta generando más dolor. Saber lo que se oculta tras lo que percibimos como realidad, es el primer paso para comprender lo que sufren las víctimas de guerras y conflictos sin sentido, los marginados de todo tipo, los niños abandonados, los que están sometidos a control mental, a experimentos y a cualquier clase de abuso. Esta empatía nos hace tener un corazón compasivo que resulta en amor puro e incondicional, que finalmente es lo único verdadero y lo que engrandece el alma. Al conocer lo que sucede tras bambalinas, se despertará el deseo de incidir en mitigar el sufrimiento de los menos afortunados, según la forma que nos inspiran desde los ámbitos divinos. El conocimiento enriquece y da poder; el poder de tener la opción de amar noblemente y demostrarlo con acciones.

Pueden existir fallas en el análisis que presento, porque en todo lo relacionado con este asunto hay mucha desinformación. Los autores y estudiosos del tema cuyas obras y artículos, a mi parecer, son fuentes congruentes y confiables, me sirvieron de apoyo, pero también he intentado considerar que muchos investigadores han seguido pistas falsas o distorsionadas, y otros quizá han sido manipulados por oficiales gubernamentales que usan los medios a su alcance para que la información relacionada con los extraterrestres se mantenga en el ámbito de lo paranormal, como si se tratara de entidades de mundos imaginarios, o en el mejor de los casos, de planos astrales, cuando realmente, según la información encontrada, son entes que pueden saltar del mundo astral al físico; es decir, pueden estar presentes objetivamente y luego esfumarse. Como muchos de los datos y casos presentados en este libro son difíciles de creer, sugiero al lector que lea los títulos incluidos en la bibliografía, así podrá tomar una postura al respecto. No es lo mismo una condensación, que informarse directamente de todos los hechos y conocer la trayectoria y seriedad de los exponentes o investigadores en los que me he apoyado. En cuanto a los Ángeles, sí es cuestión de acercarse mentalmente y establecer una conexión íntima y personal con ellos, ser sistemático manteniendo el deseo de la unión, para poco a poco percibir su presencia. La manifestación de los Ángeles siempre es sutil, de espíritu a espíritu. Nunca sucede entre truenos y relámpagos.

Desde antes de dedicarme a hablar de Ángeles, el tema de los extraterrestres me atraía, aunque siempre los he considerado entidades semejantes a los seres humanos, con la diferencia de que cuentan con tecnología más avanzada. Nunca creí que fueran Ángeles del bien que nos guían espi-

ritualmente. Comprendo que existen millones de espacios en el Universo, muchos deben estar habitados, y habrá seres semejantes a nuestra especie, con un grado de evolución espiritual y avance tecnológico como el nuestro; existirán otros espacios con seres más evolucionados espiritual y tecnológicamente, habrá otros intermedios y otros detenidos espiritualmente; es decir, que sólo están interesados en el mundo material. Es probable que todos ellos nos visiten o interactúen con nosotros, por lo que no es posible generalizar y decir que todos los extraterrestres, intraterrestres o ultraterrestres son iguales. Sin embargo, tampoco se pueden ignorar los mitos y leyendas de tan diversas culturas que hablan de las entidades arrojadas al interior del planeta o al infierno (infierno de "inferior").

Considero que los Ángeles no son extraterrestres porque, básicamente, sé que tenemos un espíritu eterno e inmortal que algún día no necesitará cuerpo material ni tendrá que seguir transportándose en aparatos. Debido a que la Creación es continua; es decir, cada instante salen del seno de Dios sus hijos para desarrollarse en algún lugar del espacio eterno, en el pasado remotísimo sucedió lo mismo con otros seres que ya no requieren cuerpo físico y siguen desarrollándose en otros ámbitos, pero por designios de Dios, con su conciencia puesta en guiar a una humanidad en ciernes como es la nuestra. Firmemente creo que, con el tiempo, a voluntad estaremos con nuestra conciencia puesta únicamente en el mundo espiritual, que es la forma en que la sabiduría milenaria nos transmite que lo hacen los seres superiores de amor incondicional que ya trascendieron la materia y han evolucionado hacia planos puramente espirituales.

Pero es probable que mi convicción de la realidad de los Ángeles espirituales que nos protegen, se encuentre reforza-

da porque he gozado del privilegio de percibir la presencia de un Ángel que me inspiró su nombre: "Verdalén", y en otras oportunidades he tenido sueños vívidos con ellos y nunca los he percibido con las características con que hoy se manifiestan los extraterrestres. Todo lo contrario, me he sentido plena de gozo e inundada de amor. También debo aclarar que aunque no existieran avistamientos de ovnis ni testimonios de abducidos relatando sus experiencias con extraterrestres, la razón me dice que existen, a pesar de que nunca he tenido oportunidad de ver ninguno.

En las investigaciones que realicé, fui encontrando tantos datos y alternativas para una misma situación, unos coherentes y otros incongruentes, que me hizo razonar seriamente sobre la enseñanza milenaria: "El hombre no crea nada, porque todo está ya organizado en algún lugar del espacio, sólo es cuestión de acceder allí y sustraerlo", por lo que todo lo que una persona puede imaginar es "verdad", porque eso que se cree imaginar ya existe objetivamente en algún espacio del Universo, y en muchos casos, alguien ya lo atrajo a este espacio tridimensional con sus pensamientos, ideas o inspiraciones, por ello debemos estar alerta con lo que permitimos que se albergue en la mente, y tener cuidado al decidir en qué creer, porque de esto depende la realidad.

Para terminar, quiero enfatizar la importancia de acercarnos a los Ángeles en todos los momentos de nuestra vida, porque ellos, desinteresadamente, pueden protegernos de los embates físicos y psíquicos y conducirnos con amor. Para acercarnos sólo necesitamos desearlo, después se encargarán de manifestarse sutilmente y sabremos que contamos con su asistencia. No requieren ceremonias extrañas para ayudarnos; basta que nos dirijamos mentalmente a ellos emanando amor. Una noche después de escribir sobre

la forma en que las entidades densas se nutren de la energía que proviene de los pensamientos, sentimientos, palabras y acciones negativas de la humanidad, al irme a acostar le pregunté mentalmente a San Miguel: "Si los negativos se nutren de eso, me gustaría saber de qué se alimentan tú y los Ángeles. ¿Podrías por favor decírmelo en sueños?", me quedé dormida y como a la hora me desperté escuchando una voz interna que me decía: "Nuestro motor para auxiliarles se mueve con los pensamientos de amor y las oraciones con intenciones nobles de los seres humanos." Esto me llamó la atención, porque aunque siempre se ha sabido que la energía del amor es la fuerza que mueve el mundo, las palabras —que yo creo vinieron de San Miguel— denotan el gran amor que tiene por la humanidad, porque en ningún momento me habló de lo que los Ángeles necesitan para sí, sino lo que requieren para ayudarnos. El amor noble que emitimos es la materia prima para que ellos puedan estructurar la paz, la armonía, el orden y la felicidad en el planeta.

Mientras investigaba, descubrí que existe mucho más que lo que se percibe en este momento de tanta confusión que vive la humanidad. También entendí que las fuerzas contra las que luchan los Ángeles para protegernos, son mucho más objetivas que lo que hemos creído hasta ahora. Todo me condujo a comprender con claridad que necesitamos la asistencia de los seres espirituales que Dios ha puesto para guiarnos e inspirarnos. También supe, por experiencia propia, que ellos están junto a nosotros continuamente, dispuestos a ayudarnos cuando lo permitimos. Ojalá cada persona tomara la mano de su Ángel para gozar de su protección y ser conducida amorosamente por la vida de regreso a la casa de nuestro Padre Celestial. Nuestro Ángel aparta los escombros del camino para que no suframos

contratiempos. La vida es bella cuando permitimos a nuestro Ángel ser parte de ella.

Deseo profundamente que lo que aparece recopilado en este libro, motive a quienes lo lean a buscar apoyo de Dios y sirva también para despertar su interés por ayudar en todas las formas, especialmente por medio de la oración.

Que Dios los bendiga, que el Espíritu Santo les envuelva con su don de discernimiento cuando lean estas páginas, y que su Ángel los guarde siempre.

Lucy Aspra

LAS DIFERENTES DIMENSIONES Y SUS HABITANTES

E l universo está compuesto por infinidad de galaxias, sistemas solares y planetas con funciones designadas por Dios, porque todo lo que sale de él tiene una razón de ser. Los universos, galaxias, sistemas solares y planetas eventualmente desaparecerán y, si Dios es eterno como sabemos, lo más probable es que hayan existido universos que en la actualidad no prevalecen objetivamente. Sin embargo, los seres que los habitaron siguen conscientes, funcionando dentro de un cuerpo espiritual en algún "lugar" o dimensión. Han tenido "millones" de años para alcanzar la perfección espiritual requerida para ser mucho más santo que uno que se desarrolló en la Tierra.

Todos los espacios visibles e invisibles están habitados. Algunos son tridimensionales como nuestro planeta, y están poblados con seres con un cuerpo de carne y hueso. Está también el plano etérico, con habitantes que poseen un cuerpo etérico. En este espacio se encuentran los elementales, así como entidades de todo tipo. Es un lugar por donde deben pasar todos los seres que dejan el mundo material.[1]

---

[1] Explicado en el próximo libro *Seres de luz y entidades de la oscuridad*, que tratará de las fuerzas oscuras, posesiones y protecciones, entre otros temas.

Existen seres que habitan planos astrales y se manifiestan con un cuerpo que tiene las partículas de ese espacio. Todo el que está en ese plano puede percibirlos, por lo que son visibles para todo ser humano que accede a ese espacio. Esto puede suceder cuando el individuo se desprende del cuerpo físico, por medio de viajes astrales, cuando duerme, en sueños o cuando finalmente deja el cuerpo físico porque llega la muerte. El plano astral está subdividido en varios subplanos, por lo que no todo el mundo entra al mismo lugar a explorar esos espacios ya sea accidentalmente o al morir. El grado de conciencia determina al subplano al que se arriba. A subplanos de esta dimensión se llega también con estupefacientes, drogas, anestesia o alcohol; dependiendo del grado de consumo, será donde enfoca la conciencia.[2] Existe el plano mental, que está habitado por seres que sólo tienen su cuerpo mental porque ya se desalojaron de las partículas del cuerpo astral y se elevan a ese espacio. El plano espiritual es el "espacio" de donde provienen los Ángeles que nos guían con amor.

En mi libro *Manual de Ángeles,* volumen I, en relación con la pregunta sobre si los Ángeles son extraterrestres, la respuesta se resume como sigue:

Todo lo que no pertenece a la superficie terrestre del planeta se puede considerar extraterrestre; sin embargo, como la palabra extraterrestre se relaciona predominantemente con seres que viajan en artefactos voladores provenientes de otros planetas, la respuesta es, no. Los seres que viajan hacia la superficie terrestre o intraterrestre del plane-

---

[2] Este tema es tratado ampliamente en mis libros *Morir sí es vivir,* así como en *Quiénes somos. A dónde vamos.* También en *Manual de Ángeles,* volumen I; *Di ¡sí! a los Ángeles y sé completamente feliz.*

ta, o los que viven dentro de la Tierra y se transportan en vehículos materiales, son seres que tienen una tecnología más avanzada que la de los humanos, pero no son Ángeles. Todo el que procura el bien de la humanidad, sea oriundo de la tierra o no, es guiado por los ángeles. Algunos extraterrestres son muchísimo más evolucionados espiritualmente que los habitantes del planeta a quienes amorosamente asesoran, aconsejan y cumplen la labor que todo habitante del Universo debe hacer: ayudar y apoyar a los que están en una escala menor; pero también hay extraterrestres que llegan para interferir negativamente en el desarrollo del planeta. Los extraterrestres son seres con cuerpo material, que se transportan en vehículos materiales. Muchas veces desaparecen sus naves ante nuestros ojos porque aumentan la frecuencia, así como dejamos de percibir las hélices de un avión o las aspas de un ventilador cuando se encienden.

Existen extraterrestres más avanzados que viajan por nuestro universo físico hacia otros universos desde el hiperespacio, no necesitan naves para hacer los recorridos porque saben cómo atraer el lugar al que quieren llegar, no tienen que viajar hacia él. Para esto, imagine que se quiere viajar de Nueva York a Nueva Delhi, dos puntos opuestos en el globo. Suponga que se tiene la tecnología para congelar el tiempo y luego regresar al tiempo actual. A las 9 horas, o cualquier hora en cualquier día, imagine el globo terráqueo y congélelo para viajar. Suponga que el globo está hecho de papel o de cualquier material flexible. Ahora deforme el globo y junte a Nueva York con Nueva Delhi hasta que se toquen. Viaje de un punto a otro de manera instantánea porque la distancia se reduce a casi nada, al deformar el globo. Una vez completado el viaje, vuelva a poner el globo en su forma original, y trasládese al tiempo actual. Puede

parecer difícil, pero cuando se ha dominado la tecnología es muy simple.

Otra forma de comprenderlo es sostener un pedazo de papel rectangular en la mano. Atraiga las puntas opuestas del rectángulo y haga que se toquen. Así la distancia entre los puntos se reduce a cero.

Un ejemplo más es como si en el centro de una hoja de papel estuviera un punto que representa a México, y en el reverso de la hoja, en el lugar del punto está Hong Kong. De acuerdo con nuestro espacio tiempo, para llegar de un punto al otro, se tendría que partir de México, recorrer la mitad de la hoja del anverso, luego dar la vuelta y recorrer la otra mitad del reverso hasta llegar a Hong Kong; pero los que viajan en el tiempo, sólo atravesarían el papel pinchando el punto del anverso y tocando automáticamente el punto del reverso. Doblar el tiempo es un concepto donde no se viaja a un destino, sino que se trae el destino. Esto se explica con la física cuántica, de acuerdo con la cual las partículas subatómicas no son duras e indivisibles, sino que se comportan como ondas y partículas al mismo tiempo, pueden aparecer de la nada y desaparecer de la misma manera, pueden viajar de un punto (ejemplo: México) a otro (Hong Kong) sin necesidad de atravesar el espacio que existe entre ellas. Una misma partícula ocupa muchos espacios simultáneamente. Es como abrir un túnel del tiempo para trasladarse de un espacio a otro.

Los abductores de Betty Andreasson —cuyo caso se comenta en este libro— le aseguraron que su propio concepto del tiempo no existe como nosotros lo entendemos. Ellos, los extraterrestres, son viajeros en el tiempo y conocen las cosas del futuro, pueden moverse libremente a través del tiempo y del espacio, porque sólo existe un presente donde sucede todo de forma simultánea, aún lo que entendemos como pasado y como futuro, todo es un solo tiempo.

Esto se explica porque la realidad es relativa y el tiempo no existe de forma lineal como lo interpretamos. Esta afirmación se sustenta también en testimonios de personas que aseguran haber participado en experimentos relacionados con el doblamiento del tiempo como sucedió en el Proyecto Filadelfia y luego en Montauk, Long Island, casos abordados en capítulos posteriores.

Los Ángeles siempre están inspirando a seres de otros esquemas planetarios para que colaboren con ellos en auxiliar a la humanidad. Estos seres que siguen las directrices de los Ángeles, poseen cuerpo material y están más adelantados que los humanos, tanto espiritual como científica y tecnológicamente. Algunos que tienen intereses egoístas, por su tecnología pueden aparecer y desaparecer a voluntad. Muchos seres humanos perciben y conocen esta presencia ultraterrestre; otros ya han podido establecer contacto con ellos y transmiten sus enseñanzas. La labor que hacen seres de mayor espiritualidad, es la misma que todos los seres humanos estamos obligados a realizar. Pero así como hay seres que prestan servicio a otros, también existen seres de espacios extraterrestres, cuyo interés nada tiene que ver con nuestro desarrollo espiritual.

El avance espiritual es lo que ha convertido a los seres que nos guían en "Ángeles", no su adelanto tecnológico o científico. Los Ángeles no tienen cuerpo material y cuando "fabrican" uno temporalmente, lo hacen etéricamente, así pueden prolongar su cuerpo simulando tener alas o un vehículo adicional pero, a menos que se trate de un acontecimiento pa-

ra cambiar el mundo, no trabajan con la sustancia compacta, material. Los Ángeles que supervisan a la humanidad en su desarrollo son de naturaleza espiritual y en esta etapa de su evolución no usan cuerpo material. Ellos inspiran a seres humanos y de otros planetas para colaborar con ellos haciendo el trabajo de "Ángeles" (mensajeros); hay que recordar que "Ángel" es su oficio, no su naturaleza. Su naturaleza es de santidad perfecta, libre de apegos, sin mácula, pura. Ser Ángel en el sentido real de la palabra: es un ser que por la evolución lograda en universos anteriores, ya no requiere experiencias en cuerpo físico y trabaja directamente para Dios; jamás cederá ante las tentaciones mundanas. Si los seres humanos de este planeta avanzan en su tecnología y se transportan a otros mundos físicos, eso no los convertirá en Ángeles.

En relación con este tema, se incluye un resumen incluido en mi libro *Morir sí es vivir.* Durante un tiempo, curiosamente, se preguntaba si los Ángeles eran extraterrestres, pero después de investigaciones realizadas por algunos estudiosos del fenómeno, la interrogante es si lo que conocemos como extraterrestres realmente lo son o si simplemente son entidades provenientes de otras dimensiones. Debido a que existe esa posibilidad, se vuelve necesario mencionarlos con esa apelación, en este capítulo.

Efectivamente, a medida que se ha profundizado en el fenómeno ovni, se ha ido encontrando que existe mucha similitud entre algunas abducciones extraterrestres y las posesiones diabólicas. En ambos casos, la víctima es presa de un pavor indescriptible; el primer contacto, por regla general, se da sin su consentimiento y es sometida a diversos tipos de pruebas sumamente dolorosas. Tanto los "extraterrestres" como los "entes no humanos" pueden atravesar paredes, acechar a sus víctimas mientras duermen, atormentarlos astralmente, absorber su energía y aparecerse a voluntad en cualquier lugar. Éstos, así como otros factores, hacen pensar que el fenómeno no está separado del de los íncubos, súcubos, demonios, duendes, elfos y otras entidades malignas semejantes, por lo que es probable que sean los mismos, sólo que ahora las características con que se presentan son congruentes con la tecnología actual.[3]

Varios autores coinciden en que algunas entidades que hoy se manifiestan, parecen ser más bien de otro espacio interdimensional y no necesariamente de otros planetas. Éstos también hacen referencia a la existencia de los otros planos y subplanos. Asimismo, coinciden en que algunos de estos espacios son de vibración densa y otros de frecuencias extremadamente altas, pero todos interconectados con el mundo físico que habitamos. De los planos inferiores proceden las entidades malignas y en los espacios elevados habitan los seres evolucionados que ayudan a la humanidad. Los científicos llaman "mundos o universos paralelos" a estos espacios. Esta información —que cada día es más aceptada— es la misma que han manifestado los místicos y nos ha transmitido la sabiduría milenaria a través de los siglos.

Algunos investigadores sugieren también la posibilidad de que el túnel que reportan las personas que han tenido experiencias cercanas a la muerte, es un conducto que

---

[3] Este tema es tratado ampliamente en mi próximo libro *Seres de luz y entidades de la oscuridad*.

conecta el mundo físico con otras dimensiones, a las que se accede al dejar el plano material, ya sea por experiencias cercanas a la muerte, viajes astrales, vivencias como las que manifiestan algunos abducidos por extraterrestres, o consumo de drogas. Es un camino que forzosamente —consciente o inconscientemente— se debe transitar para entrar a otra dimensión o si se procede de allí, debe ser recorrido para acceder a nuestro espacio. Cada subplano parece tener una puerta dimensional, por lo que dependiendo de la que se abra, serán los espacios y seres que se manifiesten. Las entidades oscuras viajan por los senderos densos y los seres de luz se presentan a través de vías luminosas. También hay seres intermedios accesibles, que aparentemente transmiten información a la humanidad.

Los seres humanos pueden abrir cualquier puerta. Ésta es la finalidad de los rituales y las ceremonias. De acuerdo con la información milenaria, cuando las ceremonias se realizan para acercarse a Dios y pedir bendiciones de amor para la humanidad, se mueve energía de elevada frecuencia y abre un camino para seres elevados. Cuando la intención es dañar a otros o debilitar su energía, se movilizan energías densas y se le conoce como magia negra. Con ritos de este tipo se presentan entidades perversas que facilitan lo que el celebrante solicita.

Algunas "llaves" para abrir los portales pueden ser también las barajas, la ouija y muchos otros medios, que abrirán la sección que corresponde a la intención o estado de conciencia de quien los use. Esto implica riesgo, porque usar cualquier método a la ligera puede conducir a un lugar no deseado o atraer a algún ente peligroso.

A la luz de todo esto, se puede comprender más la naturaleza de los seres de altísima frecuencia que nos guían y asesoran con amor. Sabemos que estos seres, que llamamos Ángeles, proceden de espacios espirituales y su manifestación siempre es sutil, respetan profundamente al ser humano y nunca producen daño ni temor. Su campo electromagnético o aura está compuesto de partículas de amor y sólo AMOR saben manifestar. Cuando mantenemos nuestros pensamientos, sentimientos, palabras y acciones vibrando en amor, aún sin proponerlo, estamos fusionados con ellos. Las entidades de baja vibración también tienen un campo electromagnético pero está conformado por partículas anti-vida, su vibración es de muerte, sin ninguna afinidad con la del ser humano, por ello cuando se acercan a nuestro espacio, su cercanía siempre produce escalofríos y terror.

Quiénes son los extraterrestres

La palabra "extraterrestre" es el nombre con que se conoce a las entidades que provienen de espacios fuera de nuestro planeta, generalmente se les asocia con objetos voladores no identificados (ovnis). En el campo de la ufología, los extraterrestres son seres vivos que viajan en ovnis.

También se ha planteado que los extraterrestres podrían ser entidades de un plano astral interdimensional, o que originalmente llegaron del espacio exterior, pero ahora habitan nuestro planeta, ocultos en zonas inaccesibles para la mayoría.

Abundan las explicaciones sobre su extraño comportamiento, y si bien es cierto que algunos parecen ser benevolentes y transmiten mensajes positivos, no siempre su forma de actuar corresponde a seres que verdaderamente respetan el libre albedrío de los seres humanos porque tanto los con-

siderados "negativos", tangibles o intangibles, como los que se supone son "benevolentes", secuestran a las personas, las someten a exámenes dolorosos y les colocan implantes.

Jacques Valée, en *Pasaporte a Magonia*, un clásico de la ovnilogía escrito en la década de 1960, recopila 923 casos de criaturas y objetos extraños avistados en un periodo de cien años (de julio 1868 a noviembre de 1968), y es probable que sea uno de los primeros autores que expresa dudas en cuanto a la procedencia extraterrestre de los ovnis.

El autor considera demasiado simple la noción de que sean visitantes de otros planetas, así como el pretender justificar la forma en que —rompiendo las leyes que conocemos— se han manifestado a través de la historia.

Igual que él, en la actualidad muchos estudiosos del tema piensan que se entenderá el fenómeno sólo cuando expandamos nuestra visión y no nos limitemos al modelo espacio-tiempo de cuatro dimensiones porque, así como otros fenómenos paranormales, los ovnis parecen saber operar fuera de esos límites. Podrían llamarse "naves del tiempo" y no "naves del espacio". Por lo menos, no del espacio conocido.

Lo que sí parece cierto es que las naves son tripuladas por inteligencias interesadas en nosotros, que poseen tecnología que no comprendemos. Pueden ser humanos de nuestro futuro remoto como se lo han revelado a varios "contactados", entre ellos a Laura Knight-Jadczyk, "canal" de los cassiopeos, a quien le dicen que son nosotros en un viaje hacia el pasado, que es nuestro presente. Esto es, son nuestros descendientes y sus naves son máquinas del tiempo.

En cuanto a la realidad de su existencia, hay demasiadas pruebas como para dudar de los testimonios de tantas personas que han hecho públicas sus experiencias. Las evidencias demuestran que los avistamientos y muchos contactos son reales, y que sí estamos ante una manifestación mundial que incluye a personas de todo tipo y condición.

Lo que se conoce de los extraterrestres es lo que reportan individuos que han estado en contacto con ellos y según su experiencia es la forma en que los perciben. Algunos, después de acostumbrarse a las abducciones y de haber establecido un vínculo de "amistad"[4], presuponen que son buenos, y otros, por el tormento al que fueron sometidos durante su abducción, aseguran que son "malos" y repudian todo lo referente a ellos.

El enredo actual continuará si persistentemente se quiere omitir la ley de la evolución espiritual que nos ayudaría a comprender que es natural que existan seres de diferentes categorías en el Universo, algunos malos, otros neutrales y otros bondadosos.

Pueden poseer una tecnología muy avanzada con la que logran realizar proezas desconocidas para nosotros, pero en los casos donde se perciben en artefactos materiales, ya sea que aparezcan o desaparezcan, se trata de seres evolucionando en mundos materiales perecederos, que pueden ser de diferentes vibraciones: alta, media y baja.

La diferencia está en el tiempo que tiene cada grupo de haber salido del seno de Dios; es decir, la edad de su alma. Algunos pueden desplegar una tecnología muy desarrollada pero poca espiritualidad; también pueden existir seres con tecnología elevada que se ocupan de su crecimiento espiritual.

---

[4] Se conoce como síndrome de Estocolmo la situación donde víctimas de secuestros, sometidos a sufrimiento, intimidados y controlados, comienzan a sentir amor, admiración y, a veces, deseo sexual por sus captores.

Estos seres son semejantes a todos los que se están desarrollando en algún lugar del Universo, a menos que sean los "caídos" que, aunque tienen una conciencia individualizada, no están conectados por medio del hilo de vida a la fuente divina que es Dios, y manifiestan actividad a través de la energía que roban de la humanidad.

En este caso, hablamos de los auténticos demonios, entes que alguna vez estuvieron unidos a Dios y que ahora están separados pero mantienen su conciencia maligna, que durará mientras tengan la forma de sustraer energía de los seres humanos.[5]

Teorías sobre su origen

No se sabe quiénes son, ni qué desean, pero las abducciones continúan. En los casos en que a algunos abducidos les han preguntado, la respuesta resumida es: "Hemos estado aquí por miles de años, somos dueños del planeta y somos sus creadores."

Existen muchas conjeturas en cuanto a su procedencia, algunas de ellas:

1. Vienen de universos paralelos que pueden estar hechos de antimateria o de alguna otra sustancia. Son entidades de otra dimensión cuya frecuencia es diferente de la nuestra y están en un espacio paralelo, de donde pueden salir y retraerse a voluntad. Al cambiar la frecuencia de sus moléculas pueden atravesar paredes y ventanas.

El lugar que habitan está en otro plano, espacio o dimensión, incluso puede ser el lugar por donde viajan los

---

[5] Este tema se aborda ampliamente en mi libro *Los Ángeles del Destino Humano. Quiénes somos. A dónde vamos.*

seres humanos al morir. Quizá sea por esto que nuestras tradiciones hablan del peligro de abandonar al difunto a su suerte porque puede ser acosado por entidades del bajo astral o demonios.

Algunos sugieren que los "negativos" son entidades que alguna vez tuvieron un cuerpo tridimensional, pero por conflictos con seres de otro espacio dimensional, fueron aniquiladas y su contraparte astral maligna, o sea, su conciencia pervertida sin espíritu, buscó refugio en la parte inferior del planeta o en el ínfimo subplano astral. Su conciencia subsiste con energía artificial, que es la que extraen del ser humano. De aquí las leyendas de los vampiros, hombres lobo, demonios y demás entes del mal.

Estos seres hostigan continuamente a la humanidad para que les suministre su nutrimento. Provocan, tientan, atormentan, incitan a guerras, al uso de drogas, a la perversión sexual, al derramamiento de sangre y a todo tipo de actividades negativas.

2. Visitantes de otros mundos. La palabra "visitante" implica que alguien ha sido invitado o aceptado, y en el caso de los extraterrestres, según George C. Andrews, en su libro *Extra-terrestrial, friends and foes,* no es la palabra adecuada para definir a seres que actúan más bien como invasores, porque sus víctimas nunca los convidaron y tampoco participan voluntariamente en los experimentos maquiavélicos que realizan en ellas.

Además, agrega, cualquier ser humano que tratara a sus semejantes como lo hacen los extraterrestres, sería enviado a prisión acusado de rapto y violación. Tampoco es correcta la palabra "participante", refiriéndose a los contactos, porque las víctimas son secuestradas y están así en contra de su voluntad.

3. Provienen de una realidad alterna que la humanidad atrae con el pensamiento. Son un mito moderno, creación de la imaginación humana que corresponde a la era espacial. Esta hipótesis fue desarrollada por el fallecido psicólogo Carl Gustav Jung, y se considera "oficial" para los gobernantes; aunque posteriormente Jung dijo que no estaba seguro de su idea original sobre los espíritus.

Jung se apoyó en los escritos de G.R.S. Mead, un teósofo practicante, y a raíz de eso, incursionó en el ocultismo, practicaba necromancia y se comunicaba diariamente con espíritus a los que llamó arquetipos. Relacionó el mundo espiritual con el inconsciente colectivo.

Sus prácticas psíquicas lo condujeron a contactar guías espirituales que inspiraron muchos de sus textos. Tenía su propio guía, su espíritu familiar, llamado Filemón, quien lo introdujo a la cultura egipcia-helenística mezclada con matices gnósticos. Describió a Filemón como un "viejo con cuernos de toro", con quien caminaba por el jardín y de quien decía: "Para mí, era lo que los hindúes llaman un gurú."

Conoció a otro guía espiritual llamado Ka, de quien dijo: "La expresión de Ka tiene algo demoníaco, casi podría decir que es mefistofélico." La gran cantidad de mensajes que Jung recibió de sus guías determinaron la naturaleza de sus creencias. Creía que estos guías habitaban un mundo imperecedero y se manifestaban de tiempo en tiempo.

En un principio creyó que Filemón era parte de su psique pero después encontró que no era un invento suyo, ni un segmento de su imaginación y así lo afirmó cuando dijo que igual que él, otras figuras le habían hecho comprender que existían cosas en su psique que no eran producto de su imaginación, porque tenían vida propia.

Comprendió que Filemón representaba una fuerza separada de él y declaró: "He tenido conversaciones con él y dijo cosas que yo no pensaba. Pude observar que era él quien hablaba, no yo." Filemón era una figura misteriosa que a veces le parecía muy real, como si se tratara de ser viviente.

En 1919, Jung presentó una conferencia donde definió a los espíritus como "complejos autónomos inconscientes que aparecen como proyecciones porque no tienen asociación directa con el ego... Pueden ser tanto fantasías patológicas como algo nuevo y desconocido... No existe prueba de la existencia de los espíritus, y hasta tanto no tengamos esa prueba, debo considerar ese territorio como un apéndice de la psicología". Sin embargo, posteriormente, en 1977, para corregir esa afirmación, añadió una nota al calce de la presentación: "Después de haber recogido las experiencias psicológicas de personas de diversos países por cincuenta años, no me siento tan seguro como me sentía en 1919 cuando escribí esta oración."

4. Intraterrenos. Son entes que han evolucionado en nuestro planeta y viven en el interior de la Tierra. Algunos habitan cuevas y otros viven en ciudades modernas o en bases debajo de los mares y los ríos. Según esta hipótesis, surgieron y habitaron la Tierra antes de la aparición de los seres humanos, por lo que algunos los consideran los verdaderos terrícolas, y a los humanos invasores.

De acuerdo con esta idea, son seres que evolucionaron a partir de los dinosaurios, escaparon a los desastres climatológicos que hace 65 millones de años sufrió el planeta por el impacto de un asteroide. Después de millones de años de haberse adaptado intraterrenamente, llegaron a tener una tecnología muy avanzada capaz de vigilar y manipular a la humanidad.

5. Militares. Aunque existen suficientes evidencias para relacionar a los ovnis con entidades desconocidas, también las hay para vincular al fenómeno con militares humanos. Algunos investigadores hoy están conscientes de que numerosos abducidos lo han sido no a causa de extraterrestres, sino por personal trabajando en diferentes dependencias gubernamentales, especialmente en la Marina y la Fuerza Aérea estadounidenses.

En su libro *Milabs: Military Mind Control & Alien abductions* el doctor Helmut y Marion Lammer se refiere a este tipo de secuestros como *milabs* (primeras sílabas de *military abductions*), abducciones militares, que señalan que la mayor parte de los secuestros son perpetrados por militares. Proporcionan muchos datos de pretendidos abducidos por extraterrestres que recuerdan haber estado en presencia de seres humanos con batas blancas o uniformes militares.

El científico norteamericano John C. Lilly, uno de los primeros en experimentar con el LSD, comenzó a trabajar sobre la neurofisiología del cerebro en el *National Institute of Mental Health*; para esto construyó un tanque de agua que se conoció como "tanque de aislamiento", donde el cuerpo, con una máscara especial, permanecía flotando dentro de un líquido para atenuar los efectos de la gravedad.

El mismo Lilly utilizó en diversas ocasiones el tanque y tuvo experiencias mentales que incluían "viajes astrales" hacia "mundos paralelos" acompañado por "guías". Realizó otros experimentos y confiesa que cree que sus descubrimientos fueron desarrollados y usados por el servicio de inteligencia de su país. La permanencia en tanques de agua para provocar aislamiento puede ser usada para cambiar el sistema de creencias de una persona, manejarla mentalmente, programarla y controlarla.

Muchos abducidos dicen que sus captores los sumergieron en tanques llenos de líquido. Otros, como Betty Andreasson, dicen haber visto a otros seres humanos sumergidos dentro de grandes cápsulas rebosantes de un extraño líquido. Estas experiencias son diferentes a los relatos sobre pequeños grises desarrollándose dentro de recipientes, o de los extraterrestres que se sumergen dentro de mezclas especiales para alimentarse.

De acuerdo con el doctor Michael E. Salla, doctor de la Universidad de Queensland, Australia, politólogo y autor de varios artículos y libros, entre ellos *Exopolitics, Political implications of the Exterrestrial Presence (Exopolítica, implicaciones políticas de la presencia extraterrestre)*, existe un sinfín de evidencias que confirma que al principio de la década de 1930 los nazis recibieron la asistencia de una o varias razas extraterrestres, con quienes se comunicaron a través de lo que hoy se conoce como "canalización", pero entonces era llamada "comunicación psíquica" o "mediumnidad".

Cuando los países aliados: Inglaterra, Francia, Rusia y Estados Unidos descubrieron que Hitler recibía este tipo de asesoría, comenzaron a utilizar los mismos métodos de comunicación, buscando asistencia de los extraterrestres.

El caso del sargento Stone

Earl Clifford Stone, sargento retirado del ejército estadounidense radicado en Roswell, Nuevo México, quien sirvió por 22 años al ejército de su país, trabajando en operaciones encubiertas para recuperar naves extraterrestres colisionadas y sus ocupantes, reveló que existen 57 razas extraterrestres conocidas por el ejército de Estados Unidos; unas más acti-

vas que otras. Stone dice que existen dos facciones, siendo la primera la que tiene tratos con el "gobierno oculto" y trabaja de forma mancomunada en muchos proyectos.

El militar retirado cree que por la cantidad de acuerdos firmados entre el gobierno y los extraterrestres, deben existir muchos intereses manejándose en el área militar, en el industrial y el social, en contra de la población.

En una entrevista televisiva que duró más de dos horas, al preguntarle respecto a la veracidad de un pacto entre su gobierno y los grises, algo circunspecto confirmó lo que otras fuentes habían asegurado; que efectivamente se había establecido un convenio con los extraterrestres malignos, en el que se acordó que podrían ocupar algunas instalaciones del gobierno y hacer experimentos, a cambio de tecnología. Agregó que las abducciones son reales y que las víctimas son sometidas a múltiples pruebas.

Stone contó cómo debido a un conflicto entre el gobierno y las entidades, un grupo de militares de una fuerza élite, tipo fuerza anti terrorista o fuerza Delta, fue enviado para sacar a los extraterrestres de una base en Nuevo México (mencionó que una situación similar también se produjo en una base en Nevada) y este enfrentamiento dio como resultado la muerte de 66 militares. Habló de por lo menos doce bases autorizadas donde se realizan experimentos, además de otros escondites esparcidos por diferentes lugares.

Se le preguntó si existían seres extraterrestres que veían con benevolencia a la humanidad, respondió afirmativamente, pero añadió que no interfieren porque respetan la ley de no intervención, por lo que son neutrales y evitan interactuar con nosotros; aclaró que los grises no acatan dicha ley.

Los benevolentes son como guardianes silenciosos, son observadores, respetan lo que decidimos y tratan de remediar lo que los grises desequilibran con sus acciones negativas. Especificó que existen diferentes tipos de extraterrestres, viajeros espaciales o interdimensionales, que el gobierno llama "ebes" (entidades biológicas extraterrestres).

A los grises malignos de Zeta Reticulli, los han clasificado en tres grupos, aunque realmente son siete, pero los otros tienen características reptoides o semi humanas. Los grises mienten continuamente y declaran que ellos, de alguna manera, crearon a Jesucristo. Cuando se le preguntó a Stone, qué armas tenía el ser humano contra ellos, contestó que les desagradan las actividades religiosas y refirió el caso de un granjero al que querían abducir, quien de inmediato comenzó a rezar y por más que persistieron no pudieron subirlo a su nave. Parece que la oración formó un campo electromagnético, como un escudo de protección, por lo que los entes tuvieron que retirarse.

También puso el ejemplo de un soldado norteamericano en un poblado en Vietnam, que visitaba a su novia —con la que se casó posteriormente— cuando llegó una nave que se estacionó en el campo y sus ocupantes extraterrestres intentaron convencer a los lugareños que partieran con ellos. El soldado se opuso y se enfrentó a los extraterrestres con su M-16, pero esto no los amedrentó. Sin embargo, cuando les enseñó una cruz y una Biblia que siempre cargaba, optaron por retirarse.

Clifford Stone, de acuerdo con sus declaraciones, cree que el gobierno originalmente pensó que estaba pactando con los extraterrestres benevolentes, pero después comprendió que no era así.

Básicamente, el acuerdo entre ambos fue que los extraterrestres podrían examinar los minerales, la flora y la fauna, así como hacer algunos experimentos en seres huma-

nos, pero estaban obligados a reportar a quienes abducían, para regresarlos a su lugar de origen y darles el tratamiento adecuado en caso de que lo necesitaran por cualquier trauma que esta experiencia les pudiera producir.

Eventualmente, el gobierno descubrió que los extraterrestres habían faltado a su palabra y estaban abduciendo sin reportarlo, poniendo implantes a gran cantidad de la población. El sargento retirado habló de varios conflictos intergalácticos en el pasado, donde los "benevolentes" vencieron y ahora están reforzándose para una batalla final contra los "malignos".

También se refirió a los experimentos que, en el presente, los extraterrestres y el gobierno realizan en las bases subterráneas, donde algunos testigos declaran haber visto grandes recipientes con seres humanos o con partes humanas, así como personas en aparente estado comatoso.

Cuando el entrevistador le preguntó si había leído los libros de Budd Hopkins, Stone le contestó que sí, y que lo que Hopkins describe, aunque es real, está muy lejos de semejar lo que se realiza en las bases subterráneas, porque lo que allí se lleva a cabo es tan siniestro y horrendo que supera cualquier historia de ciencia ficción. Habló también de cómo los extraterrestres se alimentan de la esencia del ser humano y literalmente recolectan almas para alimentarse de su energía.

Los extraterrestres "benevolentes", según Stone, también abducen, pero lo hacen como investigación científica. Agregó que no atacan, pero sí se defienden en caso de ser agredidos. Stone finalizó su entrevista afirmando la necesidad de advertir a la población lo que está sucediendo, que sólo el conocimiento da poder, que todos unidos podemos combatir a estas entidades que trabajan tanto en el plano físico como en el astral, atacando no sólo el cuerpo de carne y hueso, sino también el alma.

Extraterrestres "benevolentes" o "hermanos galácticos"

Los extraterrestres "benevolentes" son seres que se manifiestan con cuerpo y aparatos materiales. Son como los seres humanos de buena voluntad. También están aprisionados en un cuerpo que responde a determinadas leyes físicas, por esto deben emplear algunos sistemas semejantes a los usados en el mundo físico por los seres humanos. Probablemente por estas limitaciones parte de sus métodos se parecen a simple vista a los de los extraterrestres "negativos". Su tecnología es superior a la humana, aunque parece que está emparejada con la de los "malos".

De acuerdo con confirmaciones de abducidos, los "benevolentes" no manifiestan emociones radicales; actúan de manera calmada. Cuando parecen estar emocionados es porque están satisfechos, pero nunca transmiten sensación de alegría. Se perturban, se irritan y se molestan, pero no se les ha visto iracundos.

Algunas víctimas han podido captar mentalmente la conversación que mantienen entre sí cuando se están refiriendo a la abducción y han podido percibir sus intenciones, pero esto no es muy frecuente. Ellos, en cambio, parecen percibir todo lo que piensa el humano.

Los supuestos extraterrestres "benevolentes" no se comunican con un discurso verbal sino telepáticamente, aunque pueden emitir zumbidos o ruidos. Aun cuando están en desacuerdo entre ellos, ante sus víctimas presentan un fren-

te unido y positivo, agradeciéndoles su colaboración, como si ignoraran que el abducido está allí en contra de su voluntad y a su merced.

En algunos casos dicen que ellos no son dioses, sino que existe un ser supremo, fuente de toda vida. En otras, simulan ser nuestros creadores, sin aclarar que nuestro espíritu procede de Dios. Es importante considerar que tanto los "malos" como los "buenos" que se transportan en ovnis afectan negativamente al ser humano, porque ambos, invariablemente, dejan contaminación radioactiva en los lugares donde se acercan, lo que afecta de forma adversa la salud de quienes están en su campo de acción.

Como se ha expuesto, el sentido común nos conduce a pensar que los secuestros por entidades extraterrestres deben ser reales; sin embargo, es muy difícil separar la verdad de la ficción, porque existen muchas situaciones interactuando: recuerdos falsos o borrosos, desinformación de grupos interesados en que no se conozca la realidad y, además, en desacreditar a quienes reportan algún tipo de contacto; existen programas ocultos, secretos militares y muchos otros asuntos misteriosos. Uno de los casos más sonados y supuestamente investigados a fondo, es el de Betty Andreasson, quien relata sus experiencias que llegaron a producir conmoción en el terreno ufológico, aunque ahora ha conmocionado de forma diferente, porque el hijo de Robert Luca —el segundo esposo de Betty Andreasson, hoy conocida como Betty Luca— ha subido a la red una página donde declara que todo el caso es un fraude maquinado por el mismo Robert Luca, quien supuestamente tiene una poderosa influencia sobre Betty. Aunque no se conocen los motivos que llevaron a Bob Luca Jr. a atacar a su padre y madrastra, sí se percibe un tono tendencioso en su exposición. No se sabe si sus ataques son sólo producto de algún conflicto familiar, pero lo cierto es que ha despertado incógnitas en el ámbito ufológico. Para más información sobre el caso, visitar www.marcianitosverdes.haan.com/2007/02/el-andreasson-affair-es-un-fraude-dice-bob-luca-jr/

El caso de Betty es uno de los más representativos dentro de los contactos con entidades supuestamente "benevolentes", aunque se debe aclarar que ella nunca pudo oponerse a las abducciones y sufrió terriblemente durante los experimentos a que fue sometida. Entre las torturas que padeció, explica que le sacaron los globos oculares y fue sumergida en un extraño líquido.

Este caso fue investigado por más de veinte años por Raymond E. Fowler, quien lo recopiló en cuatro libros, y se estima que es una muestra clásica de la forma en que actúan los extraterrestres "benevolentes".

Betty Andreasson, bajo hipnosis, describe de una forma muy vívida sus abducciones; además ilustra sus experiencias con dibujos que, por lo detallados y descriptivos que son, dificulta creer que todo sea producto de su imaginación. Gracias a estas viñetas se cree conocer los impresionantes equipos de los extraterrestres y parte de su conocimiento científico y su poderío. En ellas Betty retrata los espacios, las naves y dispositivos que supuestamente presenció durante sus abducciones.

La experiencia de Betty es considerada una de las más importantes dentro de los encuentros cercanos con extraterrestres y los libros de Fowler son grandes clásicos en el tema de la ovnilogía. Fue este autor quien sacó a la luz los supuestos motivos que tienen los extraterrestres "benevolentes" tras las abducciones. El relato, según se presentó originalmente, se describirá a continuación. Hay que tomar la infor-

mación con cautela porque según algunos investigadores, es probable que sea también parte de un ardid de parte de los desinformadores. En el libro *Milabs: Military Mind Control & Alien abductions*, del doctor Helmut y Marion Lammer, mencionados anteriormente se refiere que una gran parte de los secuestros son realizados por militares, o por gente que viste traje de calle o bata de laboratorio que organizan un montaje para que el abducido crea que es víctima o elegido de entidades extraterrestres. Esto último lo hacen con el fin de distraer a la población sobre lo que realmente sucede, el avance en la nueva tecnología *Stealth* y otros proyectos negros. El doctor Lammer, científico que trabaja en el Instituto de Investigación Espacial de Austria, en su libro, habla de contenedores con fluido en que se supone son colocados los abducidos y explica que el concepto de respiración dentro de un fluido comenzó a mediados de la década de 1960, cuando el doctor J. Kylstra, fisiólogo de la Universidad estatal de Nueva York, en Buffalo, descubrió que las soluciones salinas podían ser saturadas con oxígeno a alta presión. Experimentó con ratones a los que mantuvo vivos durante dieciocho horas, pero fracasó cuando hizo el experimento con seres humanos. Otros investigadores se interesaron en el trabajo del doctor Kylstra y comenzaron a experimentar con ratones, luego con perros, a los que lograron mantener con vida durante dos horas sumergidos en un contenedor con perfluorocarbono. Los perros, una vez que los sacaron del recipiente, volvieron a su estado normal tras dos días. En el caso de Betty Andreasson, explica que fue colocada dentro de un gran tubo lleno de un líquido que según sus secuestradores, era para amortiguar la fuerza gravitacional durante la aceleración del ovni en el que la transportaban. Esto recuerda el experimento del doctor Lilly, ya explicado.

El doctor Lammer comenta que durante la década de 1960, el doctor Robert Goodwin realizó experimentos con embriones humanos manteniéndolos con vida en un contenedor de acero que hacía las veces de vientre artificial. Los tubos y contenedores con cierto tipo de líquido en los que los abducidos reportan haber sido sumergidos o haber visto a otros padeciendo la experiencia, es una constante en los casos de abducciones, y varios investigadores se preguntan si sumergir a las víctimas en líquido, realmente es para su beneficio o si no existe un plan siniestro detrás de la acción tortuosa.

Retomando el caso de la norteamericana Betty Andreasson, o Betty Luca, fue el doctor J. Allen Hynek, astrónomo y consultor de la Fuerza Aérea de Estados Unidos, encargado del Centro de Estudios Ufológicos, quien instó a Fowler a investigar su caso porque ella se comunicó con Hynek informándole sobre sus síntomas de abducción que, según le relató, comenzaron el 25 de enero de 1967, durante el tiempo que su primer esposo, James Andreasson, estaba hospitalizado por haber sufrido un accidente automovilístico.

Su nombre de soltera es Betty Aho. Luego de divorciarse de James se mudó a Florida y tuvo una serie de sincronicidades que según refiere, la condujeron a conocer al que sería su segundo marido, Bob Luca, por lo que hoy, como se dijo, es conocida como Betty Luca.

Cuando comenzaron las abducciones, Betty Andreasson vivía en South Ashburnham, New England, en Massachussets, con sus siete hijos, cuyas edades fluctuaban entre los tres y once años. Entonces se comunicó con Hynek. En casi todas sus experiencias Betty era secuestrada por sus abductores mientras su marido dormía en la misma

cama; aunque con Bob Luca, de acuerdo a su versión —que hoy es rebatida por Bob Luca Jr. — compartió algunas experiencias, porque él también era un abducido.

Las abducciones de Betty comenzaron cuando tenía siete años y continuaron hasta cumplidos los 49. En ese periodo, según sus raptores, estaba siendo preparada para que en un futuro transmitiera la información según el plan que habían diseñado.

De hecho, algunos de sus relatos quedan inconclusos porque se supone que no es tiempo para que la humanidad conozca todo el misterio que rodea su historia, como lo que presenció detrás de "La Puerta", a la que nos referiremos adelante.

Los libros sobre este caso, conducen al lector a pensar que los extraterrestres "benevolentes" van dejando señales para que el ser humano se entere que ellos están vigilando o guiando. Entre estos signos, según se deduce, se pueden identificar lo que llamamos "sincronicidades".

Las experiencias de Betty no se reducen al campo enteramente físico, porque además de este aspecto también están repletas de fenómenos paranormales, enfoques místicos, experiencias psíquicas y astrales. También se encuentra mucho paralelismo con el aspecto religioso o teológico. Por esto, Betty, como cristiana fundamentalista, buscándole un sentido a sus experiencias y tratando de sincronizarlas con sus creencias, asume que las entidades que la abducen están relacionadas con las de los textos sagrados, seres benevolentes o ángeles extraterrestres. Esta asociación es desde la perspectiva religiosa de Betty, porque sabemos que los Ángeles son seres totalmente espirituales y no usan equipo físico para estar presentes en nuestra vida, no abducen ni generan sufrimiento. Su manifestación es de espíritu a espíritu.

Igualmente Fowler, siendo pastor protestante, encuentra una correlación con algunos aspectos teológicos que no había hallado en otros casos estudiados. De hecho, muchos investigadores están de acuerdo en que el fenómeno ovni tiene perfiles místicos y creen que está vinculado con los conceptos bíblicos. Sin embargo, el científico Carl Sagan decía que en nuestra era la ciencia había desplazado a la antigua religión y la creencia en los Ángeles, por lo que los ovnis eran vistos como "ángeles tecnológicos" que habían llegado a sustituir a los anteriores.

Fowler se sorprendió de que Betty asociara a sus abductores con seres bíblicos, especialmente porque los cristianos fundamentalistas creen que los ovnis son instrumentos pilotados por los ángeles caídos de Satanás, y los fenómenos semejantes a los vividos por Betty los relacionan con manifestaciones demoníacas, ataques y posesiones. Además, en el tiempo de la investigación del caso de Betty, pocos abducidos pudieron encontrar alguna analogía entre los Ángeles y los secuestradores extraterrestres, especialmente por las experiencias dolorosas, mismas que experimentó Betty, por lo que es difícil pensar que sus vivencias son celestiales. Aunque ahora, muchos secuestrados, apoyándose en las experiencias de Betty, tratan de entender sus secuestros como contactos angelicales[6] pero, aunque las vivencias de Betty arrojan muchos datos sobre el proceder de los extraterrestres

---

[6] George Hunt Williamson y George Adamski, fueron los primeros en asociar a los extraterrestres de hoy con los ángeles de antaño, pero hay que considerar que ambos contactados y varios otros, según la opinión popular, estaban inmiscuidos con la CIA, por lo que se especula que fueron instruidos para divulgar ésta y probablemente más desinformación.

"benevolentes", el sufrimiento y trauma que experimentó no es semejante al que viven quienes han tenido una experiencia angelical, porque ésta invariablemente está rebosante de amor, libre de dolor y con total respeto al libre albedrío.

Las experiencias de Betty permitieron a Fowler descubrir que él mismo había sido víctima de abducciones y pudo recordar sus vivencias. Ahora por sus investigaciones, está convencido de que ha aportado evidencias de aspecto espiritual, múltiples fenómenos psíquicos y supuestamente esperanza a la humanidad.

Al compartir sus vivencias con extraterrestres, Betty narra la ocasión en que asistió a un parto y al recién nacido o feto no se le permitió respirar aire terrestre, sino que de inmediato fue sumergido en un recipiente con líquido; vio también cómo les operan los párpados a los fetos para que tengan grandes ojos traslapados. Le dijeron que los grises son fetos humanos desarrollados en vientres artificiales y los reptiles e insectoides humanoides son el resultado de manipulación genética.

Uno de los primeros recuerdos que tiene Betty sobre sus abducciones, es cuando estaba en la cocina y vio una luz muy brillante por la ventana; de pronto aparecieron unas extrañas criaturas atravesando las paredes de su casa. Los miembros de su familia se quedaron inmóviles, suspendidos en el tiempo, en estado catatónico. Betty describió a las criaturas como los clásicos extraterrestres grises, con guantes y uniforme, con un emblema en el hombro izquierdo semejante a un ave con las alas extendidas. Ella, sin asustarse, percibió telepáticamente que tenían hambre y les ofreció comida, pero le dijeron que requerían otro tipo de alimento: sabiduría.

Betty le dio una Biblia al líder, que telepáticamente se identificó como Quazgaa, quien a la vez le ofreció a Betty un libro azul y mentalmente le dijo que podía conservarlo por diez días. El libro era como de 40 páginas, con hojas muy delgadas, algunas muy luminosas, con símbolos, números y una escritura extraña que, según Betty, parecía ser un libro iniciático para conocer los misterios de todo lo que existe, cuyo significado no puede ser escrito en nuestro vocabulario.

Quazgaa tomó la Biblia que Betty le dio, le pasó la mano por encima y como por arte de magia aparecieron varias copias más gruesas del libro, que dio a los otros grises. Cada uno comenzó a pasar las páginas velozmente, como absorbiendo su contenido. Las hojas eran blancas y luminosas.

Después llevaron a Betty a bordo de una nave donde, en una habitación que parecía un laboratorio, la acostaron en una camilla y le introdujeron una sonda por la nariz y otra por el ombligo.

Al día siguiente Betty se despertó con una sensación de inquietud y su hija Becky, de 11 años, también recordó haber tenido una pesadilla. Tiempo después, Betty dijo que creía que a su hija también la abducían y recordó verla dentro de la nave estudiando símbolos extraños que aparecían sobre una especie de pantalla. Parecía estar siendo aleccionada.

Al pasar el tiempo, Betty comenzó a tener visiones de escenas en retrospectiva. En una de las primeras sesiones hipnóticas recordó ser sometida a experimentos intensos y revivió un penetrante dolor cuando se transportó al momento en que le habían introducido una aguja por la nariz para extraerle un diminuto aditamento, como una esferita metálica con picos, que evidentemente le habían implantado en la cabeza en algún secuestro anterior.

También volvió a sentir el agudo dolor que experimentó cuando le insertaron una aguja en el ombligo. Cuando se quejó, Quazgaa le dijo que los experimentos eran necesarios.

Entre sus experiencias recordó haber sido conducida por un túnel oscuro que parecía una mina de carbón. Describió su misterioso viaje de manera gráfica, a veces flotando con los grises y otras caminando con zapatos de cristal sobre rieles y diferentes superficies. Pasó sobre una pirámide con cara de esfinge, por un lugar lleno de prismas de cristal que emitían colores y atravesó muchos espacios[7] como en *Alicia en el país de las maravillas*, escrito en 1864 por Lewis Carroll (Charles Lutwidge Dodgson), diácono, matemático, que fue acusado de pedofilia en Londres. La similitud hace pensar que probablemente Carroll también tuvo experiencias similares.

El ave fénix

En sus visiones retrospectivas, Betty percibió una enorme criatura viva que parecía un águila o ave fénix[8], como de

---

[7] También los libros sobre el *Mago de Oz*, escritos por el ocultista L. Frank Baum, relatan experiencias similares. Tanto estos libros como *Alicia en el país de las maravillas* y otros cuentos infantiles son básicos para la programación de esclavos mentales (tema que tocaremos adelante) porque los lugares a que llegan las protagonistas se relacionan con las diferentes programaciones a que es sometida la víctima. Una vez programado el esclavo, las frases para activar cualquiera de los programas son las mismas de los cuentos que se emplearon para la programación. Se puede encontrar más información sobre este tema en el libro de Fritz Springmeier *Total mind controlled slave*, que puede bajarse gratis de internet: www.theforbiddenknowledge.com/hardtruth/illuminati_formula_mind-control.htm

[8] Fowler cree que el ave fénix que renace de las cenizas simboliza a la humanidad y tiene la capacidad de sobrevivir a las situaciones que se avecinan. Ade-

unos quince pies de altura, estaba sobre un fondo de grandes rayos de luz. Los rayos emitían un calor tan intenso y doloroso que Betty se vio obligada a cerrar los ojos. Cuando los abrió, vio que el ave se había convertido en un montículo de cenizas que al enfriarse se transformó en un enorme gusano. Una voz le preguntó si comprendía el significado de la visión, ella respondió que no y preguntó si quien le hablaba era Dios, a lo que la voz le respondió: "Con el tiempo te lo enseñaré." Como dato adicional, es importante recordar el caso de Jim Sparks (autor de *The Keeper* del que hablamos en *Ángeles y extraterrestres*), a quien en una de sus abducciones, una voz le quiso hacer creer que sus raptores provenían de Dios, pero Jim le calló diciéndole que no intentara engañarlo con eso. Esto fue suficiente para que no lo repitiera.

Betty también preguntó si quien hablaba era Jesús y la voz no le contestó directamente, sino que rehuyendo a la pregunta respondió: "Yo te amo. Dios es amor y yo te amo", luego, agregó que ella había sido elegida por su fe y que debía soltar el miedo a través de su hijo. Aquí, conmovida, comenzó a llorar porque como no comprendió el significado de las palabras, asumió que la voz se refería a que el hijo en cuestión era Jesús.

---

más, relaciona las experiencias de Betty con muchos conceptos religiosos, porque según sus investigaciones, el fénix fue un símbolo usado por los primeros cristianos para representar la resurrección de Cristo. Está relacionado con la historia del nacimiento, vida y ministerio de Jesús, porque se destruye a sí misma y resucita a una nueva vida. Sin embargo, el ave fénix que vive en un nido de cenizas, es uno de los símbolos más antiguos usado en los ritos del antiguo Egipto. La ceniza se relaciona con el incienso, y el incienso representa la mediación sacerdotal entre Dios y la humanidad. Algunos estudiosos de la ovnilogía relacionan esta experiencia de Betty con los rituales practicados en las antiguas escuelas iniciáticas. Dentro del ocultismo, sin embargo, el fénix también es un símbolo que representa a Lucifer, que fue lanzado a las llamas y supuestamente es el esperado por los grupos satánicos.

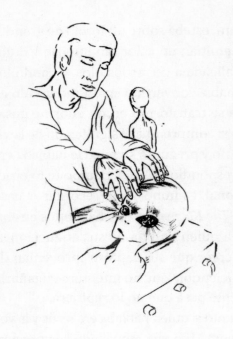

Ilustración basada en la figura dibujada por Betty Andreasson —víctima del ahora controvertido caso de abducción— cuando asistió al parto de un recién nacido que de inmediato fue sumergido en un recipiente con líquido. La figura es una recreación de una operación efectuada por un extraterrestre "benevolente" en los p rpados de un feto recién sacado del vientre materno, con el fin de que se desarrollara con grandes ojos traslapados.

Copia de ave Fénix tomada de la ilustración de Betty Andreasson. Betty vio un ave de aproximadamente quince pies de altura sobre un fondo de grandes rayos de luz, emitían un calor tan intenso y doloroso que ella se vio obligada a cerrar los ojos. Cuando los abrió, el ave se había convertido en un montículo de cenizas, que al enfriarse se transformó en un enorme gusano.

(Copia de ilustración de ave Fénix de Jim Sparks).

Mientras los grises lo aleccionaban, Jim Sparks vio un holograma que representaba un pico sobre el que, envuelto en una deslumbrante luz, se percibía la figura de un ave fénix en color oro y plata que comenzó a extender las alas como si estuviera a punto de volar.

Tras lo ocurrido con el ave fénix, dos pequeños grises, cada uno sosteniendo una diminuta esfera o globo luminoso que parecía ser algún tipo de dispositivo de control, devolvieron a Betty a su casa. Antes de salir de la nave, Quazgaa la miró fijamente a los ojos hipnotizándola, y le dijo que debía olvidar esta experiencia por un tiempo; mientras hacía esto, comenzó a transfigurarse y su rostro adquirió la fisonomía de una abeja.

Al llegar a casa de Betty los grises reunieron a los miembros de su familia que se habían quedado congelados en el tiempo y condujeron a cada uno a sus respectivas habitaciones. Curiosamente, este evento de mantener paralizados a los parientes de Betty es semejante al que se describe en

el protoevangelio de Santiago, en el capítulo XVIII, cuando José salió a buscar a la partera para atender a María:

> Y yo, José, avanzaba, y he aquí que dejaba de avanzar. Y lanzaba mis miradas al aire, y veía el aire lleno de terror. Y las elevaba hacia el cielo, y lo veía inmóvil, y los pájaros detenidos. Y las bajé hacia la tierra, y vi una artesa, y obreros con las manos en ella, y los que estaban amasando no amasaban. Y los que llevaban la masa a su boca no la llevaban, sino que tenían los ojos puestos en la altura. Y unos carneros conducidos a pastar no marchaban, sino que permanecían quietos, y el pastor levantaba la mano para pegarles con su vara, y la mano quedaba suspensa en el vacío. Y contemplaba la corriente del río, y las bocas de los cabritos se mantenían a ras de agua y sin beber. Y, en un instante, todo volvió a su anterior movimiento y a su ordinario curso.

"La gran puerta" y los *elders* o ancianos sabios

En una ocasión, Betty fue conducida a través de muchas puertas de cristal hasta que llegó ante "La Puerta" donde vería lo que ella llama el "Uno". Allí tuvo un desdoblamiento y pudo ver que tenía dos cuerpos; uno entró por "La Puerta", pero durante las sesiones hipnóticas sobre este episodio no se le permitió dar información, como si los extraterrestres le hubieran puesto un candado psíquico para que no revelara lo que vio, porque cada vez que el hipnoterapeuta trataba de que hiciera una descripción de lo que veía, se paralizaba de dolor.

En las sesiones hipnóticas relacionadas con este evento Betty parecía entrar en trance que la embargaba en un estado de misticismo. En ese estado de conciencia decía percibir un mensaje que decía: "Todo es Uno. El amor es la respuesta a todo, quien no tiene amor no tiene nada." Cuando salió de "La Puerta" la recibió otro extraterrestre, pero con características diferentes: era alto, de pelo blanco y vestía un camisón o túnica. A este tipo de extraterrestres Betty llama *elders* (sabios antiguos) y cree que los grises que la abducían trabajan para ellos. Betty describe a "La Puerta" como la entrada a un mundo de luz donde reside, lo que ella asume es Dios, el "Uno".

Las experiencias previas a este encuentro aparentemente tuvieron como escenario algún lugar intraterreno, pero después de su vivencia con el "Uno", Betty supone que se llevaron a cabo en una nave matriz, porque los grises la transportaban en un platillo hasta otro mayor donde interactuaba directamente con los *elders*.

En una oportunidad, Betty preguntó por qué la habían escogido para estas experiencias, a lo que le contestaron que ella lo había pedido y para recordárselo, le proyectaron sobre una pantalla una escena en su iglesia donde, efectivamente, en un estado de arrobamiento, un día se había ofrecido mentalmente para ayudar por medio de su habilidad para dibujar. Sucedió una ocasión cuando el ministro hablaba en lenguas. En la pantalla, Betty pudo ver la escena y descubrió que dos *elders* estaban presentes, uno justo detrás de él tocándole el hombro, el otro a un lado de los feligreses.

En la nave matriz Betty tuvo oportunidad de ver a los *elders* en una ceremonia dedicada a "Oh" quien es, según le dijeron, la presencia interna, externa y eterna. Después de

esta experiencia, uno de los *elders* que traía anillos luminosos en los dedos le dio una esfera radiante y con otro extraterrestre pequeño atravesaron un portal de energía que conectaba con la Tierra.

El *elder* la llevó hasta el cuarto de un hospital donde había un anciano tendido en la cama y una mujer velando junto a él. Había dos entidades oscuras que intentaban sustraer el alma del anciano, mientras un ser que daba la impresión de estar conformado de pura luz, intentaba impedirlo. El *elder* lanzó una pequeña esfera de luz hacia las entidades oscuras y éstas huyeron inmediatamente. Después de esto, Betty, el *elder* y el otro extraterrestre regresaron a un platillo y se dirigieron nuevamente hasta donde estaba el "Uno". Pasaron por la luz y se transformaron ellos en luz; el *elder* parecía estar compuesto de luz blanca, el pequeño extraterrestre de luz azul y Betty, de luz dorada.

En una de sus abducciones, los extraterrestres le dijeron: "Te mediremos la luz porque no estás completamente llena de luz."

Los guardianes

El título del tercer libro de Fowler sobre el caso de Betty es *The Watchers*, porque los abductores se identificaron como los guardianes de la Tierra. *The Watchers* literalmente significa "observadores o vigilantes" pero es traducido como los guardianes, que es el mismo nombre que aparece en los libros de Enoch. Este libro no está incluido en la Biblia.

De acuerdo con Zecharia Sitchin, autor al que nos referimos en *El Manual de Ángeles*, volumen I, los guardianes son seres extraterrestres que se quedaron orbitando el planeta mientras sus compañeros bajaron a tierra y se unieron a las mujeres o manipularon genéticamente células humanas. Posteriormente, estas entidades eran veneradas como "dioses".

En Génesis 6:1-4 se menciona que "los guardianes" son los hijos de Dios que bajaron del cielo, se aparearon con las mujeres y tuvieron hijos con ellas. No dormían ni hablaban, eran los gigantes de la antigüedad. Según la Biblia, son los grigori, los malvados, cuya mayor contribución a la humanidad fue sembrar el caos y el terror. Se conocen también como los nephelim, cuyos descendientes parecen ser los anakim y los rephaim.

Aparentemente, los *watchers* tenían seis dedos en cada mano y cada pie. En la era actual, fue Sitchin quien llamó la atención sobre estas entidades al comenzar a hablar de ellos en 1990, pero Fowler, en 1979, fue quien contribuyó al resurgimiento del tema al investigar el caso de Betty Andreasson. Enoch relata que mientras dormía, de forma repentina escuchó palabras que no comprendía y vio a dos hombres frente a él que le hablaban por su nombre. Despertó aterrado pero lo calmaron y le dijeron que lo llevarían hacia el cielo con ellos. Allí lo presentaron con los *elders* y con los regentes de la supremacía estelar.

Los eventos descritos por Enoch son muy similares a las experiencias de muchos abducidos, especialmente al caso de Betty Andreasson, que habla de un grupo de seres rubios que controlan a unos grises. A los rubios les llama *elders*, el mismo nombre que también aparece en el libro de Enoch.

Algunos estudiosos relacionan las vivencias de Betty con experiencias fuera del cuerpo u *OBES* (OBE: *Out of Body Experience*), pero existen diferencias, porque ella era

conducida en contra de su voluntad por entidades grises que la torturaban durante sus experimentos, mientras que en las experiencias fuera del cuerpo, cuando son positivas, las personas son asistidas por seres angelicales o por familiares que les han precedido y sienten un inmenso amor, un estado de gozo indescriptible y agradecen la experiencia. Es probable que Betty atravesara un conducto semejante al que experimentan quienes viajan fuera del cuerpo, porque como explica el doctor Kenneth Ring, autor de *The Omega Project*, aparentemente todos los que entran a otra dimensión forzosamente deben pasar por la ruta que se conoce como túnel, espiral, mina o pasadizo a otro mundo, y en ese camino se pueden percibir seres de diferente naturaleza. Es probable que los raptores de Betty, conociendo su antecedente religioso y para no ser rechazados, se presentaran ante ella como figuras bíblicas.

Fowler, como pastor, relaciona las vivencias de Betty con algunos aspectos teológicos porque se refiere a los rubios con los que interactuó como *elders*, que es el mismo nombre que aparece en el libro del Apocalipsis para referirse a los 24 ancianos que rodean el trono de Dios y porque en muchas experiencias cercanas a la muerte existen reportes de estar ante una asamblea de ancianos para la revisión de la vida. Sin embargo, en las experiencias cercanas a la muerte, en el momento de la revisión de la vida, no existen testimonios de torturas realizadas por los asambleístas.

En el caso de Betty, fue hasta alrededor de los trece años que comenzaron sus experiencias con los *elders*, que describe no como ancianos, sino como seres rubios, de alrededor de siete pies de altura, vestidos con túnica blanca, que se transportan en naves voladoras de varios pisos y con estructuras que denotan una tecnología muy sofisticada.

Resumen del supuesto objetivo de los extraterrestres, según un abductor

Algunos estudiosos creen que los mensajes extraterrestres están estructurados según nuestras creencias, para que confiemos en que realmente están haciendo el bien cuando someten a las víctimas al dolor. Debido a esto, siempre se debe recibir la información con reservas, porque según las investigaciones de varios autores, entre ellos el doctor David Jacobs, lo único que parece mover a los extraterrestres es su interés por la preservación del planeta; mismo, que aparentemente quieren conservar en buen estado para cuando tomen el control total del mundo. Aquí algunos datos proporcionados por Quazgaa, según las experiencias de Betty:

1. Los abductores dicen amar al planeta, afirman que lo han cuidado desde el principio de la existencia del hombre. También dicen sentir amor por la raza humana, pero como ésta ha devastado los ecosistemas, vienen a ayudar para sanar los impulsos de autodestrucción, lo que los humanos lograran si estudian la naturaleza y buscan conocimiento espiritual.

Aseguran ser los guardianes de la ecología y de todas las formas de vida, y dicen que las abducciones se deben a una causa benéfica para la humanidad y las realizan para monitorear los efectos del ambiente sobre el cuerpo humano, con el fin de encontrar las formas para lograr su restauración. Añaden que su actividad en nuestro planeta está en relación directa con la velocidad con que el hombre destruye el planeta.

2. Han estado con la humanidad desde su origen, son los guardianes de todas las formas en el planeta y velan por el espíritu del ser humano. Betty expresó su creencia en

que los grises corresponden a algún tipo de robots biológicos controlados por entidades humanoides y que las muestras de tejido que le quitaron fueron para estudiar la producción de melanina.

Otros abducidos opinan que los grises son insensibles a sus llantos y quejas de dolor porque son máquinas sin alma.

3. Sus visitas se deben a la relación que existe entre ellos y los humanos, y por su preocupación por la destrucción del planeta por la irresponsabilidad del hombre, lo que les afecta negativamente.

4. De continuar por el camino de destrucción que ha adoptado, la humanidad desaparecerá como tal, porque cada vez será más estéril debido a la alta contaminación del planeta. Por ello coleccionan esperma y óvulos de las diferentes especies por medio de un programa de ingeniería genética diseñado para preservarse en otra dimensión; y, según explican, como su especie somos nosotros mismos, procuran cuerpos para cuando dejemos el cuerpo físico al morir. Con esto insinúan que ellos, los extraterrestres, somos nosotros mismos, pero ascendidos a otro plano de conciencia.

5. Asumen ser "guardianes buenos", pero le advirtieron a Betty que también existen los "malos", que quieren destruir a la humanidad.

Debido a los estudios de Fowler se han encontrado patrones comunes en las abducciones, como los que parecen involucrar diferentes generaciones en una misma familia, donde las abducciones comienzan en la infancia de la víctima. Después de la experiencia, el miembro o miembros de la familia experimentan fenómenos paranormales: experiencias fuera del cuerpo, habilidades psíquicas, visión de fantasmas, apariciones, bolas de luz, sueños premonitorios, sincronicidades, habilidad telepática, sensación de ser monitoreado, fenómenos de poltergeist y otras anomalías extrasensoriales.

Alfabeto extraterrestre y símbolos

Betty descubrió que los seres también secuestraban a su hija, porque en una abducción la vio aparentemente en estado de trance, estudiando un alfabeto desconocido. El aprendizaje de las letras extraterrestres es una experiencia relatada en diversas abducciones y al parecer, una imposición de los abductores, tanto "negativos" como "positivos".

En las regresiones hipnóticas, Betty descubrió que los extraterrestres también secuestraban a su hija y mientras la mantenían en trance era obligada a aprender el alfabeto extraterrestre.

Jim Sparks, autor de *The Keepers*, secuestrado,
aprendiendo alfabeto extraterrestre.

El concepto "extraterrestre" no se usaba en el pasado aunque las características de sus acciones son semejantes a las de los demonios, como se puede apreciar en esta copia de un grabado antiguo con demonios obligando a sus víctimas a estudiar su alfabeto.

George Hunt Williamson, en su libro *Other tongues, other flesh*, afirma haber tenido contacto con entidades de Sirio y publica algunos de sus ideogramas y vocablos, de los cuales, según Robert Anton Wilson, son muy similares a palabras del lenguaje enochiano o "angélico" de John Dee y de Aleister Crowley, ambos conocidos por sus contactos con entes del bajo astral o extraterrestres "negativos" a quienes llamaron "ángeles".

En su libro, Williamson señala que los de Sirio le comunicaron que han estado en contacto con la Tierra desde hace miles de años y que su emblema es el Ojo de Horus, origen del ojo en el triángulo, distintivo de los Illuminati y de las sociedades secretas vinculadas con Sirio. Según John Keel, los "hombres de negro" (MIB: *Men In Black*) manifiestan ser representantes de la Nación del Tercer Ojo, cuyo distintivo utilizan en su ropa.

Las sociedades secretas hablan de una Gran Logia Blanca aquí en la Tierra, que llaman Shamballah, considerada el centro espiritual del mundo; según Alice Bailey, la Gran Logia Blanca está en Sirio y el Ojo que todo lo ve es el símbolo de Sirio, por lo que se asume que los "hombres de negro" pueden ser emisarios de Shamballah.

También existe el caso de dos oficiales de la inteligencia naval estadounidense, contactados por extraterrestres provenientes de Urano, quienes, entre muchos vocablos, casualmente usaron la palabra "*affa*", que según John Dee (1527-1608) significa "nada" en el lenguaje enochiano.

Otra abducida, Andrea Roberts, relata que uno de los extraterrestres le daba lecciones sobre los diferentes planos vibratorios y le explicó que llegan hasta nuestro espacio a través de la misma ruta que usan los espíritus humanos que llamamos fantasmas. Pueden manipular la frecuencia de nuestro

planeta para crear portales o umbrales a tra-vés del tiempo y presentarse en nuestro espacio en el momento que lo deseen.

Entre los extraterrestres que conoció había uno a quien le decía Sasha, porque se le dificultaba pronunciar su nombre, que era algo como Semjase, nombre que se relaciona con el guía pleyadano de Billy Meir y Fred Bell (contactados). Semjaza es también el ángel caído según el libro de Enoch.

Ilustración del ngel de cabeza en la Capilla Roslyns en Escocia.
Según Christopher Knight y Robert Lomas, en su libro *Uriel's Machine* representa al ngel caído Semjaza, suspendido entre el cielo y la tierra.

Algunos ideogramas del alfabeto extraterrestre, según aparece en el libro de Jim Sparks.

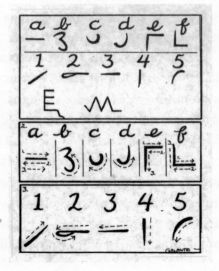

Incongruencias: cómo actuarían los seres humanos si tuvieran la tecnología para invadir otros planetas.

Si los extraterrestres han podido viajar desde otro planeta hasta el nuestro, debe ser porque tienen métodos suficientemente sofisticados para hacerlo. Si después de emplear esta tecnología para llegar hasta aquí son tan misteriosos y no se muestran ante todos, resulta difícil creer en su buena fe, porque generalmente una actitud sospechosa delata un plan oscuro.

Los que abogan por su benevolencia alegan que pedirles comunicarse con todos es como si un habitante avanzado que se enlaza vía internet tratara de establecer conexión con un primitivo que se comunica con tambores; pero un ser evolucionado, aunque maneje tecnología avanzada, busca formas de establecer contacto con quienes lo necesitan y los apoya en lo que pueda.

Lo extraño es que a pesar de que saben comunicarse telepáticamente, varios abducidos sin preparación académica han sido secuestrados reiteradamente y han sido obligados a aprender su alfabeto. Esta práctica, según podemos ver en algunos grabados antiguos, estaba relacionada también con los demonios.

Aparentemente, los extraterrestres que se han comunicado con algunos miembros gubernamentales de los países desarrollados ya les han transmitido información relativa a su tecnología, la manera de realizar experimentos genéticos, cómo construir armas de exterminio, pero también son responsables de muchos avances científicos como el rayo láser, el empleo de la fibra óptica y otras tecnologías relacionadas con el plano físico; pero realmente, en el fondo, el

interés mayor del ser humano es conocer su origen espiritual y cómo establecer una mejor comunicación con Dios, porque tiene hambre de conocimiento espiritual y en esa inquietud se han apoyado las religiones del mundo entero.

Probablemente por esta misma añoranza, muchos "contactados" han querido ver en los extraterrestres a seres elevados que pueden señalar los caminos que nos llevan a hasta Dios, por lo que intentan convertir a la ufología en religión.

Hasta ahora, pocos abducidos se refieren a extraterrestres que explican estos temas, porque generalmente sólo se refieren a cruces de razas y a cómo han jugado con el ADN humano a través de la historia.

En el caso de Betty Luca tampoco explicaron lo relacionado con Dios ni le dieron respuestas cuando ella inquirió al respecto, aduciendo que aún no era tiempo para conocer esos misterios. Por las experiencias se comprende que los extraterrestres que llegan a nuestro planeta son sólo seres más evolucionados tecnológicamente, algunos con más ética que otros, pero finalmente, seres que están desarrollándose igual que nosotros y su comportamiento, en general, semeja lo que ha sucedido y sucede en nuestro planeta cuando el fuerte se impone al débil.

Su forma de operar hace pensar que por lo menos unos son seres tridimensionales que de alguna manera viven entre nosotros y sus intenciones no son claras. Su actuación, de acuerdo con las experiencias de los abducidos, es casi idéntica a la forma de proceder de los conquistadores aquí en la Tierra, por eso podemos encontrar mucho paralelismo entre lo que ellos hacen y las probabilidades de lo que haría la humanidad si tuviera la tecnología para viajar a otros mundos habitados por seres humanos con el mismo grado de avance que nosotros tenemos hoy.

Seguramente apresaría a los indefensos habitantes como conejillos de indias, los someterían a horribles pruebas, a experimentos genéticos y robaría todos los recursos del planeta, semejante a lo que hoy hacen algunos países desarrollados con los que están en vías de desarrollo.

La forma clandestina y solapada con que se lleva a cabo la intrusión en nuestro planeta sería la actuación obligada de la especie si llegara a otro planeta que pudiera invadir. Una vez instalada, probablemente se formarían grupos por nacionalidades, como el Comando de Estados Unidos, el de Inglaterra, el de Rusia, de Francia, etcétera, pero estos grupos, así como aquí tienen grandes diferencias, las perpetuarían allá, y lo más lógico es que como aquí, buscarían aliarse unos contra otros; pero en cualquier caso comenzarían a tener conflictos de poder y entablarían terribles luchas por controlar la jurisdicción que consideran propia.

Habría grupos más sádicos que otros, lo que haría que los habitantes del planeta percibieran a unos como los "malos" y a otros como los "buenos", pero en el fondo, todos habrían llegado con un solo fin: apropiarse del planeta. Independientemente de la crueldad que aplicaran a los invadidos, seleccionarían a algunos para darles mensajes confusos para que creyeran y divulgaran que los de tal país son buenos y los otros malos.

Todos los grupos se mantendrían ocultos y peleándose en áreas inaccesibles para los habitantes del planeta, probablemente intraterrenamente o en planos a los que por su tecnología tendrían posibilidad de acceder; se aparecerían ante los ingenuos habitantes según les viniera en gana, a veces como cosmonautas, otras como demonios, duendes, o "ángeles", y transmitirían mensajes absurdos con el fin de mantener en la ignorancia a los invadidos.

En el mejor de los casos, para que no se sublevaran, llegarían como lo hizo Hernán Cortés y los conquistadores, al principio ofreciendo cuentas y espejitos, a cambio de conocer la dimensión y ubicación de los recursos.

Probablemente, si resultara conveniente para sus intereses, transmitirían algunos métodos para acelerar el desarrollo en ciertos campos, como la agricultura, la arquitectura, la construcción de naves o formulas para mejorar el sistema inmunológico; también, algunos de los viajeros, encontrando atractivas a las nativas, se unirían a ellas y tendrían descendientes, una mezcla de raza terrestre con extraterrestre. Si los viajeros prolongaran su visita, lo más natural es que tuvieran predilección por sus vástagos y les repartirían porciones de lo que apañaron.

También es posible que les halagara a estos seres que los habitantes del planeta los vieran como dioses pero sin importar lo avanzado de su tecnología ni cómo manipularan los genes, finalmente no serían los artífices del Universo, ni sabrían cómo insuflar vida en la célula, tendrían que utilizar el mismo sistema de inseminación que utilizaron los "dioses" del pasado, algo semejante a lo que hacen hoy los extraterrestres que manipulan el código genético de la población, o los genetistas humanos con la inseminación in vitro.

Ahora, supongamos que los habitantes de la Tierra fueran todos de un estado elevado de conciencia, con suficiente tecnología para explorar otros espacios, para realizar expediciones y eventualmente llegar a un planeta con habitantes que tuvieran un adelanto científico igual al que tenemos ahora; lo más lógico es que se comunicaran con ellos y les ayudaran para que avanzaran en su crecimiento tanto físico como espiritual, sin imposiciones, sólo con la amorosa guía del hermano mayor al menor. Además, les informarían que no son dioses, sino seres provenientes de un mundo más avanzado.

La información que se recibe a través de los secuestrados coincide con los aspectos negativos de la conquista, lo que hace dudar que realmente los extraterrestres que viajan en naves vengan con buenas intenciones. Pero no es nuestra tarea juzgarlos, porque lo que hacen es sólo aquello que corresponde a su estado evolutivo.

Intenciones de los extraterrestres

No se conocen ni sus intenciones reales, ni su naturaleza; pueden ser, como dijimos anteriormente, extraterrestres, entes interdimensionales o seres terrenales que viven intra-terrenamente, o una combinación de todo lo anterior. Saben distorsionar el tiempo, atravesar dimensiones, cambiar su apariencia de grises a policías, de policías a generales o presentarse como seres humanos de cualquier grupo étnico.

Justifican su presencia aduciendo que están aquí para ayudar a la humanidad a sortear la situación que atraviesa el planeta. En términos generales, la información que proporcionan se relaciona con la inminente destrucción de la humanidad: que el planeta está a punto de extinguirse y por eso se han trasladado hasta aquí desde una galaxia distante; que sus víctimas son "escogidos" cuya misión es salvar a la humanidad; que tienen necesidad de óvulos y esperma para propagar su especie o para crear híbridos humanos y alienígenas.

Aseguran ser nuestros creadores que regresan para restaurar la paz en el mundo, pero parece que realmente nunca se han ido, que siempre han estado aquí solapados tras su tecnología, apareciéndose y esfumándose a través de la his-

toria. Usan nombres y aspectos diversos pero siempre están ocultos y no exponen sus intenciones, a menos que convenga a sus propósitos. Todos los mitos y leyendas parecen referirse a su intromisión continua en la vida de las personas.

También pronostican tragedias, algunas de las cuales ellos mismos hacen realidad para que vivamos aterrados creyendo que si le han acertado a una es seguro que también atinarán en todas las que según algunas fuentes, tienen reservadas para acabar con la mayor parte de la humanidad.

La doctora Carla Turner, según Leah A. Haley en *Unlocking Alien Closets*, dijo estar convencida de que todo el fenómeno está basado en el engaño. Mucho de lo que ven y recuerdan los secuestrados en el primer nivel de hipnosis no es real, o por lo menos no es objetivamente exacto, por lo que no se sabe qué es lo que están haciendo con la humanidad. Se deduce que la están preparando para una función específica, pero por qué lo hacen es un misterio, las explicaciones al respecto son confusas.

Por señales obvias queda claro que deben tener algún motivo para velar sus intenciones y mantenerse ocultos, porque si como ellos mismos expresan, tienen la capacidad tecnológica para apoderarse del planeta, si ese fuera su deseo no se explica por qué temen permanecer visibles en un lugar o por lo menos un tiempo razonable para ser vistos por la prensa o por otros medios de comunicación, o para asegurar al mundo que su presencia es real, que vienen en son de paz y que no son nazis disfrazados. No se comprende su desconfianza si efectivamente sus intenciones son honorables y cuentan con la seguridad de su supremacía.

Los seres humanos parecen estar rodeados de muchas entidades no humanas que mienten sin razón aparente, como si lo hicieran sólo por diversión.

Leah A. Haley en su libro, también relata el caso de Kandy, que durante el sueño fue conducida a presenciar escenas bíblicas. En la primera escena que le mostraron aparece Jacob exigiéndole a Esaú su derecho de primogenitura a cambio de un plato de lentejas; luego, en la segunda, está por fallecer Isaac (padre de ambos) y pide la presencia de Esaú para darle la bendición, ahí Jacob se cubre con una piel de animal para engañar a su padre, haciéndole creer que era Esaú su hermano, quien era de piel velluda (hipertricósico)[9].

Los seres que le hablaban a Kandy le dijeron que la historia no era trascendente literalmente, sino que representaba la manipulación que hicieron en el pasado con la raza humana, que hoy, se repite. Esaú, el hermano mayor, representa la raza original (semejante al Yeti u Hombre de las Nieves) que fue suplantada por otra raza que se formó por medio de experimentos genéticos. Hoy, aparentemente, sucede lo mismo porque de acuerdo con varios testimonios los extraterrestres están formando una especie que suplantará a la actual.

> Llegó el día del nacimiento, y se comprobó que había mellizos en su vientre. El primero que nació era rojizo y tan peludo que parecía un abrigo de pieles, por lo que lo llamaron Esaú.
>
> *Génesis 25:24-25*

---

[9] Algunos estudiosos concluyen que la Biblia señala que en Esaú se manifestó el gen original de la humanidad, que se conoce como hipertricosis, un desorden genético que aparece en una de cada millón de personas, y que provoca que todo el cuerpo esté cubierto de pelo. Este gen produce una cantidad diferente de hormonas que estimulan el crecimiento de la vellosidad.

Cuando la madre de los mellizos le dijo a Jacob que se disfrazara para recibir la bendición de su padre Isaac, Jacob le contestó:

"Pero mi padre sabe que yo soy lampiño y mi hermano muy velludo. Si me toca se dará cuenta del engaño y recibiré una maldición en lugar de una bendición". Su madre le replicó: "Tomo para mí la maldición..." Después, tomando las mejores ropas del hijo mayor Esaú, que tenía en casa, vistió con ellas a Jacob, su hijo menor. Con las pieles de los cabritos le cubrió las manos y la parte lampiña del cuello.

Génesis 27:11/16

Ovnis y extraterrestres en los libros sagrados

Habrá un lugar afuera del campamento para satisfacer las necesidades naturales. Llevarás una estaquita al cinturón, con la cual harás un hoyo antes de ponerte en cuclillas, y luego taparás el excremento con la tierra sacada. Porque Yahvé, tu Dios, recorre el campamento para protegerte y entregar en tus manos al enemigo. Por eso tu campamento debe ser cosa limpia y sagrada, en que Yavé no vea nada indecente; de lo contrario se apartará de ti.

Deuteronomio 23:13-16.

Entonces la Nube vino a cubrir la Tienda de las Citas y la Gloria de Yahvé llenó la Morada. Moisés ya no podía entrar en la Tienda de las Citas, pues la Nube descansaba sobre ella y la Gloria de Yahvé llenaba la Morada. A lo largo de su trayecto, los hijos de Israel se ponían en marcha en cuanto la Nube se elevaba de encima de la Morada. Pero mientras la Nube no se elevaba, ellos no se movían y esperaban el día en que de nuevo se elevara. Porque la Nube de Yahvé descansaba sobre la Morada durante el día a la vista de todo el pueblo de Israel, y durante la noche había fuego. Así sucedió a lo largo de su trayecto.

Éxodo 40:34-37

Al leer los pasajes anteriores y varios otros en la Biblia, es comprensible que algunos estudiosos encuentren semejanza entre el dios del Antiguo Testamento y su "nube" con un extraterrestre y su nave; por esto, muchos autores aseguran que están entremezcladas las referencias de Dios padre verdadero con las de otro ser, probablemente un extraterrestre iracundo, injusto, sanguinario, misógino y racista, cuyas características distan mucho de ser el Padre Nuestro, el Dios de amor al que hacía referencia Jesús en el Nuevo Testamento, como vemos en los versículos siguientes:

…uno sólo es vuestro Padre, el cual está en los cielos.

Mateo 23:9

Ved, pues, cómo habéis de orar: Padre nuestro, que estás en los cielos, santificado sea tu Nombre…

Mateo 6:9

Mirad las aves del cielo, cómo no siembran, ni siegan, ni tienen granero, y vuestro Padre celestial los alimenta…

Mateo 6:26

El Espíritu Santo nos puede auxiliar para discernir cada vez que encontremos versículos que se nos figuran incongruen-

tes en cuanto a la naturaleza de nuestro Padre Celestial y sus Ángeles divinos, porque no se puede rechazar la existencia de Dios y de sus servidores angelicales sólo porque, según refieren muchos estudiosos, en los mismos escritos hay relatos de seres con cuerpo de carne y hueso presentándose como nuestros creadores y guardianes.

El don del discernimiento es importante para no separarnos de nuestro camino evolutivo. Es evidente que muchos pasajes en la Biblia y de los libros sagrados de otras culturas parecen referirse a seres procedentes de otros espacios objetivos, por lo que se deduce que cuando se emplea la palabra "ángel" (que literalmente significa mensajero) no siempre describe a un ser celestial, sino que a veces se usa literalmente para indicar un mensajero que puede ser de cualquier naturaleza. Sin embargo, en Marcos 12:25 se comprende claramente que Jesús no se refería a extraterrestres cuando declara: "Porque cuando habrán resucitado de entre los muertos, ni los hombres tomarán mujeres, ni las mujeres maridos, sino que serán como los ángeles en los cielos"; versículo que a la vez que señala nuestra naturaleza espiritual, asienta el hecho de que los Ángeles son espíritus puros, y nosotros —igual que lo hacen ellos ahora— eventualmente cumpliremos funciones semejantes a las suyas, para las que no requeriremos un cuerpo de carne y hueso, ni transportarnos en naves.

Muchos seres que ya han completado su proceso de evolución en los planos materiales se manifiestan sólo de forma espiritual, como sucede con los Ángeles que están ocupados en conducir con amor a la humanidad. Los Ángeles, cuando son percibidos con una forma corpórea, no es porque sean extraterrestres, sino porque descienden a un plano donde reúnen las partículas de ese espacio y se recubren con ellas para manifestarse en la dimensión donde el ser humano puede elevar su conciencia por medio de la entrega devocional y la meditación espiritual.

Estas experiencias se conocen como "visiones místicas" y son placenteras y embelesadoras. En ningún momento están acompañadas de dolor o temor como sucede con los contactos con extraterrestres.

Debido al avance científico que facilita interpretar muchos relatos milenarios, algunos estudiosos son de la opinión que las escrituras antiguas, incluyendo la Biblia, son recopilaciones de los recuerdos de una cultura primitiva que creyó que sus experiencias con extraterrestres eran visitas de dioses o demonios, por lo que sugieren rechazar el aspecto religioso que nuestros antepasados le dieron a estos encuentros.

No obstante, aunque las interpretaciones sean correctas, no se puede negar la existencia de Dios solamente porque llegaron a nuestro planeta entidades de otros espacios. Dios es el creador de todo lo perfecto que existe, como nuestro espíritu inmortal. Aquello que deja de ser perfecto ha sido manipulado por el hombre.

Wernher von Braum, conocido como el "padre de la NASA", quien trabajó con los nazis en la Segunda Guerra Mundial y luego fue llevado a Estados Unidos con la Operación Paperclip— proyecto al que luego nos referiremos— declaró que se le dificultaba comprender que algún científico no reconociera la presencia de una racionalidad superior detrás de la existencia del universo.

A propósito, escribió:

Muchos hombres inteligentes y de buena fe dicen que no pueden visualizar a un Diseñador. Bien, ¿puede un físico visualizar un electrón? El electrón es material-

mente inconcebible, y sin embargo, es tan conocido por sus efectos que lo usamos para iluminar nuestras ciudades, para dirigir los aviones a través del cielo nocturno, y para tomar las medidas más exactas. ¿Qué extraño razonamiento hace que algunos físicos aceptan la realidad de los inconcebibles electrones, mientras que a la vez rehúsan aceptar la realidad de un Diseñador?, ¿porque no pueden concebir tal idea? Me temo que aunque en realidad ellos tampoco comprenden el electrón, están dispuestos a aceptarlo porque lograron producir un torpe modelo mecánico de él empleando su experiencia limitada en otros campos, pero no sabrán cómo comenzar a construir un modelo de Dios... Sería un error pasar por alto la posibilidad de que el universo haya sido planeado en vez de haber surgido por casualidad[10].

Apariciones

En el caso de las apariciones de la Virgen —que algunos investigadores aseguran que son experiencias extraterrestres— si realmente corresponden a un plan desarrollado por inteligencias extraterrestres con la finalidad de elevar la conciencia de la humanidad, tendremos que admitir que existen algunos extraterrestres compasivos que, conociendo nuestra devoción, se presentan como figuras que veneramos para despertar nuestra conciencia, porque analizándolo objetivamente, las apariciones de la Virgen, de Jesús y de los Ángeles, siempre nos dejan vibraciones de espiritualidad.

Con el solo hecho de leer esas vivencias elevamos nuestra frecuencia y nos proponemos corregir conductas irres-

---

[10] Fuente: http:www.geocities.com/fdocc/braun.htm

ponsables. Pero aún si algunos extraterrestres se presenten como la Virgen u otra figura mística, tampoco se puede negar la cantidad de manifestaciones donde no existe ninguna de las señales que se relacionan con ellos, porque hay muchos testimonios de personas que han tenido la visita de la Virgen sin los antecedentes del fenómeno ovni, como son las abducciones de los secuestrados, viajes en contra de su voluntad, cicatrices, llagas, moretones o alguna de las torturas que se relacionan con estas tortuosas experiencias. Además, en las apariciones místicas, si fuera intervención de los extraterrestres, estarían alterando su conducta habitual, porque serían las únicas veces que no dejan mal parados a los testigos.

Otro factor a considerar es que, por lo general, el o los videntes en las apariciones de la Virgen, por ejemplo, pueden estar rodeados de muchos testigos y estos no perciben la presencia celestial, a diferencia del fenómeno ovni, donde todos los presentes pueden ver la manifestación objetiva.

En las experiencias místicas, el ser que se manifiesta sólo es visto por quien puede conectarse espiritualmente con él. Los extraterrestres tradicionales, al presentarse, pueden ser vistos por los concurrentes y no se necesita un estado de conciencia especial.

Otro elemento a considerar es que los ovnis aparecen en todos los eventos del planeta, sean positivos o negativos, como si de veras estuvieran cumpliendo la función de vigilantes. Los vemos sobre las fumarolas de los volcanes y en general en todo suceso fuera de lo normal, especialmente donde existen aglomeraciones porque, de acuerdo con varios estudiosos del tema, son atraídos hacia los lugares donde se congrega la gente para cualquier fin, sea para una contienda bélica, un evento deportivo o musical, así

como en los sitios donde hay una muchedumbre para expresar sentimientos místicos, como es en los grupos que se unen en los sitios arqueológicos para meditar, en los santuarios y también en las peregrinaciones, por lo que se deduce que no necesariamente el suceso es producido por ellos, sino que más bien parecen absorber la energía del evento.

No importa si aparecen copias de la Virgen, de Jesús o de los Ángeles, porque es claro que ninguna situación de esta naturaleza elimina la existencia de Dios ni de nuestro espíritu inmortal.

En cuanto a la realidad de los seres espirituales que nos guían, sólo es cuestión que pensemos un poco en cuál será nuestro destino cuando hayamos ascendido a espacios espirituales; es seguro que no será estar sentados en una nube tocando un arpa por toda la eternidad, habiendo tanto trabajo por realizar en los ámbitos sutiles, inspirando, guiando y llegando al corazón de los seres humanos que estarán evolucionando en un mundo semejante al nuestro y que requerirá tanta asistencia celestial.

En el Universo existe infinidad de almas que ya superaron las etapas materiales de evolución y trabajan con su forma espiritual; ya no tienen materia física que los revista, pero sí pueden manifestarse ante nosotros con una forma corpórea semejante a la nuestra. Cualquier ser espiritual, para mostrarse en un plano objetivo, debe revestirse con las partículas del plano. Y al hacerlo, usa una imagen comprensible para nosotros.

Ejemplos de percepciones de la figura virginal pueden encontrarse en muchos relatos, aun en aquellos que no se relacionan con la religión católica, como el caso de Jim Keith, en *Saucers of the Illuminati*, que narra una experiencia donde percibió la presencia de un ser femenino semejante a la conocida figura de la Virgen María, y supone que puede ser la misma presencia venerada desde la antigüedad como diosa.

No recuerda haber visto un cuerpo, pero la percibió con toda claridad y en todo su esplendor. Afirma que no fue una alucinación, aunque tampoco fue una imagen que comprendiera, pero la sensación es que ella interpenetraba todo: las piedras, los árboles, el aire; quizá como la fuerza que mantiene unido al mundo[11].

Este evento es semejante a muchos relatados por personas que han tenido una experiencia mística sin necesidad de consumir alguna droga, como en el caso mío explicado en la "Presentación" del libro *Apariciones, Rosa Mística*, porque sin jamás haber estado bajo los efectos de estupefacientes, pude ver una presencia virginal vestida de blanco sobre la cabecera de mi hija mientras la operaban de cáncer.

Esta experiencia también recuerda la de personas clarividentes que han notado una figura maternal acompañando a la mujer embarazada, especialmente a la hora del parto.

---

[11] Según la filosofía oculta, el Espíritu Santo es la esencia de la Madre, el aspecto femenino de la Trinidad que permea todo, porque su emanación es la que mantiene aglutinadas las moléculas de lo visible e invisible. La representación del Espíritu Santo en el pasado, era una virginal presencia, purísima, inmaculada, porque la energía que viene de Dios para la humanidad llega sin mácula. Es el humano quien se encarga de contaminarla cuando la transforma llevando una vida irresponsable. La energía que procesa el hombre se utiliza para construir su vida y nuestro mundo, por eso se dice que somos creadores y responsables de lo que nos ocurre. Si el hombre se encarga de contaminar la energía del Espíritu Santo, está proveyendo la materia prima que formará estructuras distorsionadas en el mundo material, diferentes a la idea original de Dios. La figura de la Virgen aparece siempre para transmitir el mensaje de que se deberá purificar la vida para mantener armonía a nivel personal y en el mundo entero.

En el caso personal, así como los otros mencionados, se trata de una figura exacta a la imagen de Nuestra Santísima Madre y no de una extraterrestre con traje espacial. Como dice George C. Andrews, puede haber vírgenes falsas, pero existe la verdadera. No se puede falsificar algo de lo que no existe un original.

Los vimanas

Los libros sagrados hindúes, el *Ramayana* y el *Mahabarata*, hablan extensamente de los adelantos científicos del pasado y describen detalladamente las naves que sobrevolaban sus espacios, pero los primeros intérpretes minimizaron estas narraciones porque no se avenían a la "información oficial".

Ahora se comprende que estos textos antiguos no se refieren a mitos y leyendas sin fundamento, sino que son auténticos relatos sobre naves aéreas, sobre cohetes y sus lanzamientos, y sobre viajes espaciales.

Una perfecta descripción resumida de la información de los artefactos voladores y elementos de reacción, según el *Ramayana* y otros textos antiguos, podemos encontrarla en la relación que L. Pauwels y J. Bergier, hacen en *El retorno de los brujos*, donde dice que "los libros sagrados hindúes, el *Ramayana* y el *Mahabarata*, describen aeronaves que circularon por el cielo en el origen de los tiempos", y que parecían "nubes azuladas en forma de huevo o de globo luminoso"; podían dar varias veces la vuelta a la Tierra; eran impulsadas por "una fuerza etérea que golpea el suelo al partir" o por "una vibración que emana de una fuerza invisible"; emitían "sonidos dulces y melodiosos"; irradiaban "brillando como el fuego", y su trayectoria no era recta, sino que parecía "como una larga ondulación que las acercaba o las alejaba de la Tierra".

La materia de tales ingenios se describen en estas obras que datan de hace más de tres mil años, las cuales sin duda se inspiraron en recuerdos mucho más remotos, como el compuesto de varios metales, unos blandos y ligeros, y otros rojos.

En el *Mausola Purva* figura esta singular descripción, incomprensible para los etnólogos del siglo XIX, pero que ha dejado de serlo para nosotros:

Es un arma desconocida, un rayo de hierro, gigantesco mensajero de la muerte, que redujo a cenizas a todos los miembros de la raza de los Vrishnis y de los Andhakas. Los cadáveres quemados eran irreconocibles. Los cabellos y las uñas se caían, los objetos de barro se rompían sin causa aparente, los pájaros se volvían blancos. Al cabo de algunas horas, se estropearon todos los alimentos. El rayo se deshizo en un polvo fino[...] Cukra, volando a bordo de un *vimana*[12] de gran

---

[12] Los vimanas de los antiguos textos hindúes "eran máquinas volantes que tenían la forma de una esfera y navegaban por los aires por el efecto del mercurio que provocaba un gran viento propulsor. Los hombres alojados en los vimanas podían recorrer grandes distancias en un tiempo maravillosamente corto". En el *Samarangana Sutradhara* escrito en 1050 por el sabio príncipe hindú Bhoja se describen las técnicas, diseños, combustible y otros aspectos de los vimanas. En la sección donde se detalla su construcción existen 250 versos especificando los materiales empleados en la fabricación de los diferentes modelos. Se habla de por lo menos cuatro tipos de vimanas: rukma, tripura, sakuna y sundara, que se subdividen en 113 submodelos más. En un texto del *Ramayana* existe esta frase: "Rama subió en el carro aéreo que va a cualquier sitio a voluntad y parece una brillante nube en el cielo. Bajo el mando de Raghira, el excelente carro se elevó a lo más alto del espacio."

potencia, lanzó sobre la triple ciudad un proyectil único cargado con la fuerza del universo. Una humareda incandescente, parecida a diez mil soles, se elevó esplendorosa[...] Cuando el *vimana* hubo aterrizado, apareció como un espléndido bloque de antimonio posado en el suelo.

Igual que estos relatos, se encuentra información en muchas tradiciones que claramente hablan de la existencia de naves aéreas, sus tripulantes y la interacción con ellos en un pasado remoto.

Es imposible negar el gran número de leyendas de las diferentes culturas sobre artefactos voladores o pájaros de hierro. En el *Mahabarata* se describen combates entre reyes y sus naves aéreas, así como bombardeos, radares y otras formas de detección de naves, artillería, balas explosivas, detonación de minas y bombas de destrucción planetaria, cuyos efectos semejan a los de la bomba atómica actual.

Copia de una ilustración de un libro de ficción chino, del año 1400 d.C.. Alude a los carros voladores que surcaban los aires en el año 1700 a.C.

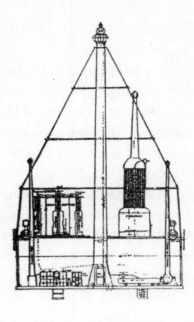

Dibujo que representa un vimana, fue trazado en 1932 por T.K. Ellappa de Bangalore, India, siguiendo las indicaciones del Pandit Subbaraya Sastry de Anckal, Bangalore.

Vimanas, naves voladoras que según la antigua literatura hindú sobrevolaban la India hace cuatro mil años. Ilustración del siglo X que aparece en la traducción del texto s nscrito *Prajnaparamita Sutra*.

Pequeño ejercicio

Respira hondamente y pide ayuda al Espíritu Santo, de esta manera: "Espíritu Santo, por favor ilumíname y dame suficiente discernimiento para saber qué es lo real y qué debo hacer con esta información." Cierra los ojos y visualiza rayos luminosos en color dorado que descienden del cielo y se posan sobre tu cabeza... Respira otra vez y observa cómo absorbes esta divina emanación de sabiduría celestial que recorre todo tu cuerpo. Agradece al Espíritu Santo y confía en que a través de tu Ángel recibirás la guía necesaria para interpretar lo que es correcto para tu crecimiento y conocer cómo ayudar a otros.

¿EXISTEN FUERZAS QUE CONTROLAN A LA HUMANIDAD?

Los extraterrestres dicen ser nuestros creadores, se consideran dueños del planeta y de la humanidad y, según algunos autores, la controlan por medio de sus descendientes directos. Supuestamente, los pactos establecidos originalmente (hace miles de años) con ellos se preservan y renuevan continuamente a través de alianzas conocidas hoy como Sociedades Secretas, cuyos miembros de mayor jerarquía guardan los misterios de las leyes del mundo material y el verdadero destino del ser humano.

Los extraterrestres que controlan saben que nuestro espíritu es eterno e incorruptible y es muy diferente al cuerpo de carne y hueso que puede estar sujeto a manipulaciones. Sin embargo, no revelan todo públicamente porque para sus planes ocultos requieren que la humanidad permanezca ignorante de su destino divino.

Igual que los ingenieros genetistas humanos, saben manipular los genes pero no pueden producir vida si no es por medio de la célula humana que ya tiene la esencia de vida

que le insufló Dios. Es posible que tengan la tecnología para atrapar esta energía y usarla en otros cuerpos o alimentarse de ella, pero no saben producirla. Si así fuera, no necesitarían la energía humana para subsistir.

(Subsistir: la necesidad de la energía del ser humano como fuente de vida para los "extraterrestres" negativos y los demonios, es un tema que se toca ampliamente en el libro *los ángeles del destino humano, volumen II, quiénes somos. A dónde vamos*, y en el próximo libro de la autora.)

Varios autores mencionados en este libro, opinan que los grupos que trabajan para los extraterrestres, que son los encargados de controlar mentalmente a la humanidad para que permanezca ignorante de lo que verdaderamente sucede en el mundo, lo hacen a través de programas clandestinos implementados con tecnología extraterrestre. Pero no se trata de una sola raza extraterrestre, sino de varias que tienen conflictos entre sí y cada una cuenta con sus representantes en la Tierra, pero todas tienen un propósito, que es implementar esclavos mentales para tener una humanidad robotizada, servil, confundida, materialista y confiada, de manera que responda sin cuestionar, a ojos cerrados, cualquier indicación por absurda que sea, siempre que provenga de una fuente "oficial".

Origen de la rivalidad entre grupos ocultos

Para comprender la rivalidad que existe entre los diferentes grupos que pelean por la supremacía en nuestro planeta, es necesario conocer algunos antecedentes relacionados con los primeros extraterrestres que llegaron a la Tierra.

Zecharia Sitchin, autor de una serie de libros que tituló *Las crónicas de la Tierra* describe los conocimientos de la raza extraterrestre de los annunaki (que significa "los que llegaron del cielo a la Tierra"). Sitchin, interpretando los textos antiguos, narra que hace 445 mil años llegaron los annunaki, cuando su planeta, Nibiru, por su cercanía con el sol de nuestro sistema solar, permitía que pudieran transportarse hacia la Tierra en vehículos espaciales. En sus traducciones, Sitchin enfatiza la intervención de los annunaki en el génesis de la humanidad y aunque muchos arqueólogos ignoran estas traducciones, hay grupos clandestinos que sí las han tomado muy en serio. Según Michael E. Salla, a quien hemos mencionado anteriormente, es la razón por la que existen tantos conflictos en la zona donde se establecieron, que fue la cuna de los sumerios: Irak, Irán y Afganistán.

Sitchin, refiere también una guerra entre las diferentes facciones de estos seres que partieron alrededor del año 1700 a.C. hacia su planeta Nibiru, que tiene una órbita de tres mil 600 años alrededor de nuestro sol, por lo que calcula que pronto reaparecerán.

Según la interpretación de Sitchin, los textos cuneiformes sumerios encontrados en excavaciones hace más de cien años refieren que los nefelim o "ángeles caídos" son los annunaki, originarios de un décimo planeta perteneciente a nuestro sistema solar, con una gran órbita elíptica —entre Marte y Júpiter y dentro del Cinturón de Asteroides— que como mencionamos, se aleja del sol y reaparece cada tres mil 600 años terrestres que son un día para ellos.

La situación en Nibiru, debido a su deterioro ecológico, ya no era favorable para sus habitantes, y descubriendo que con partículas de oro suspendidas sobre su planeta podían producir una especie de escudo protector, decidieron sacar

dicho mineral del planeta Tierra y emprendieron viajes especiales con esta finalidad.

Pasados algunos años, los annunaki que trabajaban en las minas se rebelaron, y sus científicos, con manipulaciones genéticas in vitro, produjeron trabajadores primitivos que fueron los primeros Homo Sapiens del planeta, "creados" especialmente para trabajar en las minas de oro. De estos seres primitivos, destinados sólo al trabajo para beneficio de los annunaki, con el tiempo salieron hembras que atrajeron a los annunaki que vigilaban los intereses de Nibiru. Se unieron a ellas y nacieron los nifilim. Algunos se quedaron en la superficie y otros se refugiaron intraterrenamente cuando sobrevino el diluvio.

En un principio llegaron sólo 50 annunaki a la Tierra y fundaron la primera colonia extraterrestre, a la que se le llamó Eridu (Eridu significa "hogar lejos del hogar" y de allí deriva la palabra *"Earth"* en inglés; "Tierra" en español). El jefe de estos primeros "astronautas" era llamado Ea (o Enki).

Después llegaron más annunaki, completando un número de 600. También llegaron 300 igigi que no descendieron a la Tierra sino que permanecieron en su nave; eran los encargados de las maniobras aéreas de los vehículos de enlace y las estaciones espaciales.

A medida que fueron creciendo las ciudades que establecían, Anu, gobernante de Nibiru (y padre de Enki, quien llegó en la primera expedición), tuvo que enviar a la Tierra nuevos refuerzos, entre ellos un medio hermano de Enki, Enlil (a quien, algunos autores relacionan con el Jehová de la Biblia), que gozaba de más privilegios porque aunque Enki (que se menciona como el Lucifer de la Biblia) era el primer hijo de Anu, Enlil fue procreado por una hermana de Anu, y esto, de acuerdo con las normas en Nibiru, le daba superioridad sobre Enki.

Enlil era disciplinado, severo y muy buen administrador. A Enki, aun teniendo la primacía por haber llegado primero a la Tierra, se le designó "supervisor de las minas" y fue enviado al mundo interior; Enlil, por gozar de más derechos y ser el sucesor al trono de Anu, se le dio el cargo de regente de las siete ciudades del Edin, lugar donde después de 400 mil años floreció la civilización sumeria. Enlil era el "Señor en comando" y Enki el "Señor de la Tierra"; función que Enki tomó muy en serio.

Durante ese tiempo también había llegado a la Tierra un hijo de Enki, llamado Marduk, hijo de la consorte oficial de Enki, así como Ninurta, hijo de Enlil, procreado con su media hermana Ninmah, situación que le daba mayores ventajas a Ninurta.

Ninmah, media hermana de Enki y de Enlil, era encargada del Centro Médico donde se produjo el primer "humano" in-vitro. A esto se oponía Enlil, pero su padre Anu dio el consentimiento para la producción y tuvo que acceder. Sin embargo, Enlil siempre estuvo en desacuerdo, especialmente cuando los annunaki comenzaron a tener relaciones sexuales con las hembras que resultaron de este cruce.

Cuando Nibiru estaba por acercarse nuevamente a la Tierra, los annunaki sabían que esto produciría una fuerza gravitacional que aceleraría el deshielo, situación que intentó aprovechar Enlil para acabar con la humanidad, pero Enki, encariñado con la humanidad a la que consideraba su descendencia, avisó a su fiel sirviente Atra-hasis (equivalente al Noé de la Biblia) para que con su familia y con células de cada especie animal, se sumergiera en un submarino guiado por un entrenado piloto annunaki llamado Puzur

Amurri, quien tenía instrucciones de dirigirse directamente al Monte Ararat, que sería el primer pico en asomarse después del diluvio, y sería el punto de reunión de los annunaki, que durante este temporal permanecieron en sus naves aéreas, padeciendo hambre y las inclemencias del tiempo igual que cualquier ser humano.

La rivalidad entre los hermanos Enki y Enlil persistió entre su descendencia. Enki tuvo muchos hijos, entre ellos Marduk, Jergal, Gibil, Ninagal, Dumuzi, Ningishzidda; pero ninguno tuvo el trato preferencial que tuvieron los hijos de Enlil, por lo que trató de procrear uno con su media hermana Ninmah, pero sus esfuerzos fueron en vano porque tuvo una hija, y después con esta hija lo intentó nuevamente, dando como resultado una hija más.

Enlil, después se casó con Ninlil, que fue su consorte oficial, y tuvo otros dos hijos: Nannar, conocido como el dios de la Luna, a quien posteriormente los semitas llamaban "Sin", y finalmente "Ishkur", conocido como Adad. La descendencia de Nannar (Sin) y su consorte Ningal, fue una hija llamada Ereshkigal y Utu (Shamash) y su hermana gemela, Inana (conocida como Ishtar, Astarté, Venus), y fueron estos los que oficialmente gobernaban sobre los annunaki.

Esta circunstancia provocó fuerte rivalidad entre los descendientes, que entablaron sangrientas batallas que se conocen como "guerras entre dioses" a las que se refieren tradiciones de diferentes regiones mundiales. El conflicto entre estos bandos se percibe incluso actualmente.

Cada grupo fue transmitiendo a su descendencia la historia de acuerdo con sus vivencias y el conflicto entre los controladores que hoy luchan por tener dominio sobre el planeta es el resultado de las sociedades ocultas que cada grupo formó para preservar sus tradiciones, conocimientos, tecnología y artes ocultas que emplean hasta hoy.

Los que creen ser descendientes de Enlil se sienten los amos del planeta y consideran que los descendientes de Enki forman una raza impura que no merece ningún trato preferencial. Los descendientes de Enlil son racistas, están obsesionados con su herencia genética y se casan entre sí para conservar la "pureza" de sus genes. Supuestamente forman la Hermandad Babilónica, que deriva de la Hermandad de la Serpiente.

Cuando se analiza la historia de los hermanos, queda claro que ninguno tenía características como para desear tener sus genes. Ambos eran entes primitivos sin ningún desarrollo espiritual, dedicados sólo a la satisfacción de sus bajas pasiones.

En teoría, toda la humanidad deriva de esa manipulación genética, pero los descendientes directos de los anunnaki fueron considerados divinos y formaron la aristocracia. A ellos se les confió atender las necesidades de los dioses (los extraterrestres anunnaki) y tener alejado al proletariado. En la actualidad, la inquietud de una gran parte de la humanidad de rastrear sus antecesores, es el recuerdo ancestral de su origen y su deseo de encontrar que desciende en línea directa de algunos de los dioses (extraterrestres anunnaki) y reclamar —por absurdo que parezca hoy en día— lo que creen les corresponde por derecho divino: apropiarse del planeta y controlar a la humanidad. Explica esto también la razón por la que existe el complejo entre tantos habitantes, de venerar a la clase elitista o a los clasificados de "sangre azul", cuya expresión deriva, supuestamente, del hecho de que los anunnaki eran de la raza reptil cuya sangre es azul.

Facciones rivales y organizaciones clandestinas

En tiempos modernos, algunos investigadores, entre ellos el mencionado Michael E. Salla, sugieren que la lucha por el poder en la Tierra se lleva a cabo entre estas dos facciones rivales que actúan tras bambalinas. Entre los miembros de estos grupos se cuentan tanto los descendientes de Enlil como los de Enki. Ambas facciones, según las fuentes mencionadas en este libro, son igual de peligrosas:

Facción 1. Formada por banqueros y empresarios internacionales unidos con la familia real británica. Esta facción busca implementar el Nuevo Orden Mundial. Es una gran organización mundial integrada por corporaciones y asociaciones aparentemente dedicadas a obras benéficas. Controlan las reacciones de la población. Quienes patrocinaron a Hitler pertenecían a esta Facción. Este grupo, según algunos estudiosos, está relacionado con Enlil.

Facción 2. Se opone al Nuevo Orden Mundial. Fue creada por los ex oficiales nazis que atentaron contra Hitler, de los que posteriormente algunos huyeron a Estados Unidos. Su intención es reinstalar la "legítima" monarquía cuya línea genética presuntamente es la de los merovingios, grupo que el Führer intentaba aniquilar.

Sus miembros se hacen llamar Los Caballeros Templarios. Supuestamente quieren gobernar con benevolencia para que cada habitante del planeta goce de los derechos que le corresponden en virtud de haber nacido en la Tierra.

Los que conspiraron contra Hitler fueron encabezados por el almirante Wilhelm Canaris, quien dirigía el Servicio de Inteligencia Alemán. Provienen de miembros de la realeza de Alemania, Checoslovaquia, Hungría y Austria, y formaron el imperio austro-húngaro. Esta facción está formada por los descendientes de Enki.

Cada facción cuenta con organismos clandestinos que tienen conflictos entre sí, pero todos conocen las intenciones de cada raza extraterrestre —alineadas ya sea con Enlil o con Enki— y también de cada una de las otras organizaciones clandestinas rivales.

Todas ellas encaminan sus esfuerzos para cumplir la misión a la que están enfocadas la o las razas extraterrestres con quienes están en contubernio. Los líderes responsables de cada grupo de organizaciones clandestinas son movidos por el egoísmo y quieren lograr sus propósitos a costa de lo que sea.

Las organizaciones clandestinas tienen compromisos con los extraterrestres que controlan la política, la economía y las relaciones sociales del mundo. Phil Schneider —del que hablaremos en páginas siguientes— estuvo presente cuando, dentro de las estructuras secretas construidas intraterrenamente, se organizó el Nuevo Orden Mundial entre extraterrestres y humanos.

El caso que reportó se trataba de grupos formados por extraterrestres grises altos y reptilianos. Existen testimonios de otras víctimas de abducciones como Stewart Swerdlow y otros participantes del Proyecto Montauk —se habla de ellos a profundidad en el capítulo 4— que afirman que se trata de un programa clandestino que involucra el secuestro de ciudadanos para realizar experimentos de control mental.

También Bill Cooper en su libro *Behold a Pale Horse*, expresó la forma en que se organizaron los extraterrestres y miembros del gobierno para ejercer un control total sobre las instituciones humanas y sobre la población.

Los grupos clandestinos emergieron de entre varias ramas militares, de inteligencia y de legisladores de distintos Estados. Basta decir, según estos testimonios, que cada una de las tres ramas dentro de la milicia estadounidense: la Naval, la Armada y la Fuerza Aérea, desarrollan sus propias armas supuestamente para proteger la seguridad nacional, pero sólo los integrantes de las organizaciones están enterados de lo que sucede y disfrutan privilegios especiales; por ejemplo, la organización clandestina dentro de la Naval estadounidense está protegida legalmente contra otras unidades dentro de la misma fuerza.

Sólo pocos congresistas saben realmente lo que de verdad sucede con todo lo relacionado con los extraterrestres. Cuando alguno que no goza de ese privilegio investiga demasiado, se le da un somero informe para tranquilizarlo.

Según Jamisson Neruda (de los *wingmakers* o "creadores de alas", que afirman proceder del futuro), dentro de una agencia gubernamental de Estados Unidos hay una organización clandestina conocida como ACIO (Advanced Contact Intelligence Organization) que se dedica a establecer comunicación con extraterrestres. Pero también existen grupos formados por oficiales hostiles, racistas y paranoicos que odian a los extraterrestres, y sin permiso del presidente o del Congreso norteamericano autorizan la producción de armamento tipo Star Wars para derribar ovnis y apresar a sus ocupantes[13]. También varias razas extraterrestres se han encargado de provocar conflictos entre los diferentes grupos dentro de las organizaciones militares.

---

[13] El doctor Michael Wolf (*The Catchers of Heaven*) etiquetó como "the cabal" a este grupo clandestino dedicado a derribar ovnis.

De acuerdo con lo expuesto, se comprende que muchas personas dentro de los ámbitos gubernamentales participan en planes tan intrincados para controlar a la población mundial, que el ciudadano normal los desecharía como absurdos, lo que facilita que se desarrollen sin complicaciones ni oposición.

Prisión mental con ondas de frecuencias muy bajas. Cómo protegerse celestialmente

Para dominar a la humanidad existen varios programas, siendo el más importante el que se relaciona con el control mental, para lo que se utilizan muchos métodos, entre ellos, la implementación de una barrera de frecuencias, como una "prisión mental" no detectable por los cinco sentidos y dirigida a bloquear las habilidades sensoriales elevadas del ser humano.

Las personas dedicadas al estudio de este fenómeno informan que existen estaciones generadoras de energía con dispositivos capaces de distorsionar el campo electromagnético del individuo.

Aunque el cuerpo del ser humano tiene una inmunidad natural para protegerse contra este tipo de ataques, los controladores, hipotéticamente, para contrarrestarlo, han planeado eliminar ciertos elementos orgánicos en el suministro del agua a escala mundial y también émitir ondas específicas que afectan el aura de las personas.

El plan es propagar las ondas por varios métodos, entre ellos la televisión y el internet. También, en teoría, se hará subliminalmente por la radio y desde las torres de la telefonía celular. Presuntamente, después de permanecer

alrededor de seis años dentro de esta prisión de ondas electromagnéticas, habrá una mutación que afectará negativamente a la humanidad.

Contra este tipo de invasión no existe defensa tecnológica, ni refugio para evitarla. El único resguardo con que se contará será la oración y la unión con el mundo espiritual, porque el estado de conciencia elevado produce un escudo protector contra las ondas electrónicas negativas.

Los programadores también han tomado este detalle en cuenta, para lo cual presentan "evidencias" de la no existencia de Dios y dirigen radiaciones para afectar los instintos y dificultar que el pensamiento de la gente se establezca en el mundo celestial, porque otra de las finalidades de este programa es cortar la unión de la conciencia con nuestra fuente divina. Por esto es necesario establecer desde ahora una unión muy fuerte con Dios y pedir a los Ángeles que intervengan en nuestra vida para protegernos y apoyarnos.

Otro aspecto contemplado por el programa es proyectar hologramas con formas tridimensionales insertadas sobre la realidad actual. Esta tecnología existe desde hace algún tiempo y se ha usado sobre distintos grupos para moverlos hacia el objetivo final, que es la separación y el control.

Al mantener a la humanidad dividida, consideran que tendrá menos oportunidad de reconocer lo que está pasando y no optará por protegerse contra la barrera electromagnética; además, no rechazará las proyecciones holográficas.

El programa está diseñado para dañar el ADN humano; en teoría, éste debe tener doce espirales, pero según los estudiosos del tema, sólo tiene activadas dos, aunque presuntamente la tercera y cuarta se están desarrollando, pero es necesario despertar mínimo la cuarta y quinta, o por lo menos la cuarta y el cincuenta por ciento de la quinta.

A medida que se eleva la conciencia, desarrollando nuestro nivel espiritual para estar en comunicación mental con Dios, se activan las otras hélices del ADN, y si esto se logra por lo menos en un ocho por ciento de la población mundial, habrá suficiente energía para evitar que los controladores mantengan la prisión holográfica que está en proceso.

Control mental, proyecto Monarca y otros programas clandestinos para producir esclavos mentales

La información sobre los programas clandestinos que presentamos aquí, como se ha mencionado a través de estas páginas, proviene de declaraciones de investigadores y de supuestos sobrevivientes de estos experimentos, quienes afirman que los programas se desarrollan ahora mismo con más profusión; de hecho, existen muchos proyectos para producir esclavos mentales, como es el Proyecto Falling Rock; Proyecto Behemoth; Proyecto Tiny Rock; Proyecto Mountainside, y otros más. Todo esto se menciona aquí porque muchos de estos proyectos fueron precursores de la llegada de entidades extrañas que hoy mucha gente confundida llama "ángeles", cuando realmente casi todos son entidades del bajo astral.

El Proyecto que más se menciona es el Monarca, aunque algunos investigadores sugieren que éste no es tan importante como el Proyecto Falling Rock y otros que se encargan de lo mismo y mucho más, si es que es posible.

Se cree que el Proyecto Monarca fue creado para que no se preste atención al verdadero trabajo de programación que se realiza en hospitales y consultorios médicos. Sin embargo,

hay que ser cautelosos y considerar que esto también puede ser desinformación. Es difícil conocer la verdad. Lo que sí es cierto es que del Proyecto Monarca ha salido el mayor número de víctimas que comparten sus experiencias.

Paul Bonacci, un sobreviviente de este experimento, explica que es un programa dedicado a "la producción de niños cuyas almas son aplastadas y preparados para ser espías, prostitutos, asesinos y suicidas".

En este programa, el trauma continuo se produce por lo que se conoce como "abuso ritualístico satánico" debido a que su estructura está basada en iconografías y creencias asociadas con el satanismo.

Por medio de drogas, hipnosis, torturas y electrochoques, este criminal proyecto ha producido nuevas generaciones de víctimas y esto no es ciencia ficción. El programa involucra la creación de *alteregos* (álteres) por medio del desorden de personalidad múltiple (MPD, por sus siglas en inglés) o con fragmentos de alguna personalidad, que pueden usarse para trabajos específicos y actividades ilegales como asesinar y servir de mensajero o enlace clandestino para un sinnúmero de actividades criminales.

Estos álteres o fragmentos se dispersan y colocan en diferentes compartimientos dentro de la mente de la víctima por medio del uso continuo de electrochoques, droga, violación sexual, hipnosis y otros métodos que sobajan y trauman a la víctima, y aíslan de su memoria las experiencias.

Un álter puede ser dirigido por cualquiera que conozca la "clave" o "gatillo", que es un detonador que puede ser un sonido telefónico, canciones —especialmente infantiles— diálogos de algunas películas, señales con las manos, frases de algún libro como *Catcher in the Rye* (novela cuyo título en español ha sido traducido como *El guardián entre el cen-*

teno o *El cazador oculto*), que es uno de los más usados por los programadores, como supuestamente lo fue en el caso de Mark David Chapman, el asesino de John Lennon, y también de John Hinckley Jr., que intentó matar a Ronald Reagan.

Los grupos que trabajan para el Proyecto Monarca son satánicos y surten esclavos para muchas dependencias gubernamentales. El sistema que usan para la creación de los álteres funciona por medio de invocar entidades satánicas para que se posesionen de la víctima; todas las diferentes personalidades parecen ser incluso entidades independientes usando un mismo cuerpo y cada una se activa según la función que debe desempeñar el esclavo mental.

Según Fritz Springmeier y Cisco Wheeler, en su libro *The Illuminati Formula Used to Create a Total Mind Controlled Slave*, el éxito del Proyecto Monarca está en que las víctimas, sus diferentes personalidades o partes de ellas, pueden ser creadas sin que ninguno de los álteres sepa que existen los otros y cada uno puede ocupar el cuerpo en diferentes tiempos.

Las paredes de amnesia que se construyen por medio de los traumas forman un escudo secreto que evita que los programadores sean descubiertos e impide que la personalidad original —que es quien usa mayormente el cuerpo— sepa que tiene otros álteres. La programación, no obstante, no siempre funciona según lo planeado y parece que muchas víctimas han podido ser desprogramadas.

Otra sobreviviente del Proyecto Monarca, Kathleen Sullivan, en su libro MK, describe el mundo de las personalidades múltiples. En forma de novela presenta su vida y la manera en que fue programada para ser asesina y esclava sexual.

En una entrevista reveló que su programador fue su padre, un ingeniero mecánico interesado en robótica que an-

te el público aparecía como un ciudadano distinguido y fiel asistente de la iglesia.

Fue su programador inicial, pero después hubo muchos más y entre todos fueron aplastando su voluntad para inducirle diferentes álteres. Su padre disfrutaba maltratándola a ella y a otros niños porque toda su familia creció con la mentalidad de que los niños habían nacido para ser esclavos, ya que su propio abuelo fue vendido desde pequeño y llevado a los Estados Unidos. El padre de Kathleen también fue sometido de esta manera por el abuelo y así los abusos a menores eran parte de la rutina familiar.

El abuelo de Kathleen se convirtió en druida celta y practicaba rituales satánicos. Iba a los cementerios a robar cadáveres, luego los llevaba al sótano de su casa y los descuartizaba. También hacía rituales satánicos donde las víctimas eran bebés; se relacionó con otros satanistas que, de igual manera, robaban niños para sacrificios humanos.

Su padre tenía contacto con empresas privadas muy conocidas y con algunos agentes de departamentos gubernamentales, que según describe, estaban relacionados con la Operación Paperclip, operativo que, como veremos más adelante, consistía en traer nazis después de la guerra para integrarlos a diferentes dependencias.

Su padre fue controlado y entrenado por un alemán pedófilo, de complexión delgada y ojos oscuros, conocido como el doctor Schwartz pero le llamaban *Herr doctor*, o doctor Black[14]. Las programaciones, según Sullivan, se hacen según el método Alfa, Beta, Delta y Theta:

---

[14] Según Cathy O´Brien, en su libro *Trance-formation of America*, los programadores alemanes eran conocidos con nombres de colores. Por ejemplo, Josef Mengele era doctor Green o Greenbaum; Ewin Cameron era el doctor White. Había también doctor Brown, doctor Gray y doctor Blue.

- *Alfa* es la base para los otros programas. Es donde se almacena mucha información, la cual se usa para desarrollar las demás programaciones.

- *Beta* —como era el caso de Sullivan— está relacionado con el servicio sexual. A este álter se le llama a veces "Barbie", como la muñeca (en honor al nazi Klaus Barbie, el carnicero de Lyon). Según Cathy O´Brien (co-autora de *Trance Formation of America*), ella, igual que Bryce Taylor, Marilyn Monroe y muchas otras hoy famosas, eran esclavas sexuales conocidas como "modelos presidenciales", programadas para ser usadas por políticos de alto nivel.

- *Delta* almacena la programación de asesinos militares como se ve en los programas *La Femme Nikita*, *Punto sin retorno*, *Telefon*, entre otros. De acuerdo con Sullivan, esa programación se le activaba cuando tenía que asesinar, hacer de guardaespaldas o sacar rehenes de algún lugar. Tenía un gran número de personalidades, cada una con entrenamientos especiales y diferentes métodos para encargos distintos.

A las víctimas de los diferentes tipos de control mental se les puede convencer de ser responsables de crímenes que no cometieron o se les programa para cometerlos. En un comienzo, los métodos usados para modificar la voluntad y ejercitar un control mental sobre los sujetos, incluían una combinación de barbitúricos, anfetaminas, heroína y una poción secreta que se componía de depresivos, estimulantes y el ingrediente activo de la marihuana.

Las drogas se combinaban con hipnosis, sueros de la verdad, electrochoques, radiaciones y otros métodos de tortura. Entre las víctimas de estos experimentos se con-

taban los sospechosos de ser agentes secretos de países extranjeros, opositores al gobierno, estudiantes, desertores, prisioneros, pacientes terminales de cáncer y personas con deficiencia mental.

También se experimentó rociando elementos químicos sobre ciudadanos inocentes en las calles de diferentes ciudades; posteriormente, se comenzó a manipular genes y a producir métodos para enviar ataques cardíacos y otras enfermedades; también se hicieron experimentos con implantes en el cerebro, ojos y nariz (se asegura que algunos implantes fueron entregados a dictadores sudamericanos, que los usaron especialmente contra sus opositores). Es probable que las "voces" que escucha mucha gente se deba a los mencionados implantes, aunque en la actualidad también se habla de inducción por microondas de voces intracerebrales, microchips, radiaciones ionizantes, psicoelectrónicas, psiónicas.

Hoy se utilizan sistemas muy sofisticados, pero aparentemente se siguen rociando bacterias sobre poblaciones; como evidencia se presentan las cada vez más frecuentes sendas o estelas químicas dejadas por aviones (*chemtrails*), como se explica más adelante.

Si el temor y la angustia son tan grandes que llegan a perturbar la función cerebral, se puede implantar cualquier creencia en la gente. Es un estado propicio para lograr que la gente pierda la capacidad de juicio y volverse sugestionable.

El doctor británico William Sargant[15], psiquiatra del Instituto Tavistock, en su libro *The Mind Possessed*, habla de la facilidad de controlar mentalmente a la gente: "De los resul-

---

[15] El doctor Sargant trabajó durante dos décadas —desde mediados de 1950— en el proyecto MK-ULTRA y en el Grupo Cibernética, haciendo experimentos con el uso de drogas psicodélicas y otros sistemas de lavado cerebral para la dominación de las masas.

tados causados por tales perturbaciones, la más común es el deterioro temporal de la capacidad de juicio y una sugestionabilidad extrema."

Las diversas manifestaciones grupales de control mental a veces aparecen bajo el rubro de "instinto de rebaño" y ocurren mayormente en tiempos de guerra, durante epidemias graves, y en todo periodo parecido de peligro común, donde aumenta la ansiedad, así como la sugestionabilidad individual y colectiva.

Muchos métodos aplicados de control mental tienen su base en el ocultismo o conocimiento esotérico vedado, proveniente de las religiones del antiguo Egipto, Grecia, India y Babilonia, religiones supuestamente estructuradas por extraterrestres, con secretos que, a cuentagotas, han ido saliendo a la luz a través de las sociedades secretas, de acuerdo con un plan ya trazado.

Por ejemplo, se presume que el *Libro Egipcio de la muerte*, entre otras cosas, recoge rituales y describe métodos de tortura y de intimidación para crear traumas, para el uso de pociones o drogas y la forma de conjurar o hipnotizar con el fin de esclavizar a los iniciados. Son métodos igualmente usados dentro del satanismo y han perdurado ocultos bajo el velo del esoterismo, incluso después de las persecuciones de la Inquisición.

El doctor Armen Victorian, investigador de tópicos como control mental, espionaje y otros similares, en su interesante libro *The Mind Controllers*, refiere una extensa lista de los diferentes programas clandestinos implementados desde hace mucho tiempo para controlar a la población mundial. Estos inquietantes programas gubernamentales dedicados no sólo a estudiar los efectos logrados con el uso de diferentes drogas con víctimas inocentes (que incluyen pacien-

tes de hospitales, mujeres embrazadas, alumnos de escuelas, prisioneros y veteranos, entre otros.), también abarcan experimentos para ver los alcances de las ondas sobre el cerebro humano, la forma en que se preparan los asesinos controlados mentalmente y espías psíquicos. Habla del uso de microondas, acondicionamiento psicológico, psicocirugía, implantes cerebrales, cultos religiosos y otros programas que a la vez se subdividen en cientos de sub programas. Presenta la información con seriedad por lo que no es considerado otro autor alarmista que cuestiona temas relacionados con la teoría de la conspiración. Hay que considerar que muchos empleados de las organizaciones a las que alude no están al tanto de lo que sucede porque la mayoría es también víctima de control mental o monitoreados y dominados por medio de algún implante microchip en el cuerpo.

Detrás de los sistemas de control

En teoría, después de la Segunda Guerra Mundial, muchos científicos y espías, entre ellos prominentes nazis alemanes y fascistas italianos, fueron llevados a los Estados Unidos y a Sudamérica. La operación se llamó Proyecto Paperclip y se menciona aquí, porque entre otras cosas, se relaciona la fecha de su activación con la manifestación, de forma más prominente, de entidades astrales en el Occidente.

Uno de los nazis más importantes que llegó a Washington fue el general Reinhard Gehlen, que había trabajado como jefe de inteligencia de Hitler contra Rusia. En teoría, fue uno de los principales participantes en la fundación de lo que hoy es la Agencia Central de Inteligencia, (CIA, por sus siglas en inglés) y ayudó a crear la NSC (National Security

Council), de donde deriva la legislación que protege algunas actividades del gobierno, incluyendo proyectos clandestinos de control mental.

Más tarde aparecieron varios programas de experimentación, entre ellos, en 1947, el Proyecto Chatter, que hacía experimentos con el uso del suero de la verdad. Después vino el Proyecto Blue Bird, dedicado, entre otras cosas, al uso de técnicas especiales de interrogación y a encontrar formas para condicionar al personal enterado para evitar que se divulgue la información.

En agosto de 1951 el Proyecto Blue Bird cambió su nombre por Proyecto Artichoke (Alcachofa) por sus muchas capas; unos años antes de cerrarlo, el 13 de abril de 1953, se creó el Proyecto MKUltra, (presuntamente, "MK" son las siglas de *mind kontrolle*. En inglés sería *mind control*, pero, en teoría, para darle su firma nazi se usó la palabra en alemán).

El proyecto MKUltra se dedicó al control del comportamiento humano por medio de una combinación de diferentes métodos y disciplinas, entre ellos el uso de electrochoques y radiaciones; la psicología, psiquiatría, sociología, antropología y grafología; el hostigamiento, dispositivos paramilitares y el uso de LSD, todo esto a través de subproyectos en diferentes universidades, entre ellas la de Harvard, con el profesor Timothy Leary.

Tiempo después se crearía otro proyecto, llamado MKDelta, con el fin de aplicar MKUltra fuera de Estados Unidos, para hostigar, desacreditar o acabar con opositores en el extranjero.

Del proyecto MKUltra se desprendieron 149 subproyectos, entre ellos el Proyecto Monarca, que aunque no se reconoce oficialmente como parte de los subproyectos, es el

nombre que usan los terapeutas y los sobrevivientes de los experimentos para referirse a él.

Es probable que "Monarca" derive de MKSearch, un subproyecto semejante a la Operación Spellbinder, que se implementó para crear asesinos durmientes (como en la película *El embajador del miedo*), que pueden ser activados con una palabra clave mientras están en un trance post-hipnótico.

Se especula que es el caso del conductor del coche de la princesa Diana cuando ésta encontró la muerte en aquel fatal accidente, y también el de los homicidas solitarios, como en los casos de los Kennedy en Estados Unidos y de Luis Donaldo Colosio, candidato presidencial de México (ultimado supuestamente por un asesino solitario en Tijuana, Baja California, el 23 de marzo de 1994), entre otros casos.

La Operación Often es, probablemente, uno de varios programas para encubrir la realidad del Proyecto Monarca. El nombre "Monarca" también puede derivar de la mariposa Monarca y se usa porque la víctima sometida al trauma del electrochoque y otros tormentos, tiene la sensación de estar flotando y revoloteando como una mariposa.

Adicionalmente, la palabra se refiere al estado de metamorfosis de una larva inactiva a mariposa, la cual, en el proceso migratorio, regresa a su lugar de origen, semejante a las víctimas de los experimentos de estos proyectos, que son secuestradas desde edad muy temprana y después siguen el mismo patrón de la mariposa Monarca, regresando a su controlador una vez que cumplen con la misión encomendada.

En este programa se usan muchas palabras del ocultismo, como *psyche*, debido a que la mariposa deja una larva, a semejanza del alma que abandona el cuerpo corrupto para una nueva encarnación.

En el arte gnóstico, el "ángel de la muerte" aplasta a la mariposa, igual que hacía con sus víctimas Josef Mengele —supuesto programador del Proyecto Monarca—, un médico criminal nazi que trabajó en el campo de concentración de Auschwitz y experimentó con miles de presos. Por esto, entre otras razones, era conocido con dicho sobrenombre.

El Proyecto Monarca se conoce también como el "síndrome marioneta", porque así como una marioneta es un títere atado a hilos y controlado por un titiritero, las víctimas son condicionadas mentalmente para responder a las indicaciones de sus controladores, como si estuvieran unidas a ellos con cadenas invisibles.

También se le llama "acondicionamiento imperial", término usado por algunos terapeutas para describir la secuencia de respuesta de estímulo condicionado (*conditioned stimulus response sequence*).

Tiene muchos nombres y definiciones pero, en definitiva, es un método que se usa para separar la mente en múltiples personalidades por medio de la tortura y la práctica de rituales satánicos, que generalmente incluyen el misticismo cabalístico para lograr que un demonio o grupo de ellos se adhieran a cada una de las personalidades o álteres.

Existe mucha literatura con descripciones precisas de los rituales satánicos en que participaron las víctimas, así como información sobre otras terribles experiencias vividas desde su infancia hasta el momento de su liberación, y de los tratamientos que se les aplicaron tras ser rescatadas del Proyecto.

Como se señaló anteriormente, entre las mentes diabólicas que se asume fueron traídas en la Operación Paperclip, está el multimencionado Josef Mengele, experto en demonología y en la Cábala. Después de la Segunda Guerra fue

rescatado en dicho Proyecto, con otros líderes nazis, "científicos", "doctores" y personal militar.

Los autores que tratan estos temas dicen que aunque al público se le hizo creer que había escapado a Sudamérica, viajaba por todo el mundo y trabajaba encubierto con el nombre de doctor Green o Greenbaum. Desde su salida de Alemania comenzaron las investigaciones más atrevidas en el campo del control mental, entre ellas los experimentos realizados en miles de gemelos.

Con la llegada de los médicos nazis que en los campos de concentración se involucraron en la investigación de la mente, se comenzó a emplear el satanismo de forma "científica" para someter a las víctimas.

Sobre esto Robert Anton Wilson, en su libro *Everything is Under Control*[16], habla del doctor Corrydon Hammond, psicólogo, fundador y director de la Clínica de Terapia Sexual y Marital de la Universidad de Utah, ha sido presidente y vice presidente de la American Society of Clinical Hypnosis, y practica la terapia de memoria recobrada (Recoverd Memory Therapy). El doctor Corrydon Hammond, cree haber aportado suficiente evidencia, confirmando la existencia de un culto satánico internacional de nazis y algunos agentes de la CIA, que desde hace más de 50 años están implicados en el abuso infantil para crear decenas de miles de robots y dedicarlos a la pornografía, la prostitución, el contraban-

---

[16] Existen muchos libros sobre este tema: *Trance formation of America*, de Mark Phillips & Cathy O´Brian; también el caso de Arizona Wilder, narrado en el libro de David Icke, *The Biggest Secret* (también entrevistas en videos). Experiencias de Brice Taylor en *Thanks for the Memories*, el caso de Cisco Wheeler en los libros de Fritz Springmeier, por mencionar algunos. Ciertos títulos de Springmeier pueden bajarse gratis del sitio: http://fritz-springmeier.dbs2000ad.com/

do de drogas y armas, así como para otros trabajos ilícitos. El doctor Hammond ha logrado determinar varios tipos de "programas" que han sido implantados en las víctimas de este culto, y los clasifica así: "Alfa", es un programa de obediencia general; "Beta" para llevar a cabo sexo oral y dirigir grupos de prostitución de niños; "Delta" para crear asesinos; "Omega" es un programa de autodestrucción donde las víctimas deben suicidarse en caso de que algún terapeuta logre llegar hasta la capa cerebral donde está enterrado el programa satánico; "Zeta" se refiere a la producción de cine *snuff*, entre otros.

Los médicos nazis, según el doctor Hammond, se dedicaban al satanismo; es decir, celebraban rituales para comunicarse con entidades del bajo astral, práctica que se incrementó a partir de la fecha en que supuestamente fueron traídos los nazis, incluso antes de la época del aparente pacto del gobierno con extraterrestres "malos", por lo que es probable que los nazis, con sus rituales, abrieran entradas astrales adicionales para las entidades demoníacas que siempre han encontrado apoyo humano para intervenir en la vida humana.

Armas electrónicas y síntomas de ataques

Como se expresó anteriormente, dentro de los programas para someter a los humanos está la implementación continua de diferentes armas electrónicas, que funcionan con base en la emisión de impulsos eléctricos, ondas o rayos invisibles, que producen daños mentales y físicos.

Aparentemente, se están usando sobre la población desde hace algunos años y una prueba son los irritantes zumbidos que se escuchan en diferentes lugares. El sonido es

persistente y tan molesto como cuando se pasan las uñas sobre un pizarrón, o como el desagradable ruido de un motor
en marcha o el zumbido de un panal de abejas. Se reportan
por todas partes, desde Taos, Nuevo México, hasta el Distri-
to Federal, en México. En diversas zonas de Inglaterra, Nueva Zelanda y en poblaciones de todo el mundo.

Son ruidos externos y generalmente más perceptibles
para los adultos. La explicación oficial es que son sonidos
atmosféricos naturales o que se producen por el movimiento de las placas tectónicas.

Extraoficialmente, es el resultado del uso de armas silen-
ciosas cuyos ataques producen una gran variedad de síntomas,
que abarcan desde náuseas hasta agudos dolores de cabeza, su-
dores nocturnos, tintineo en el oído, ondulaciones en las uñas,
nerviosismo, fatiga, desgaste, falta de coordinación en los movimientos; problemas de la vista y otros malestares.

También se pueden ver luces al comenzar a quedarse
dormido, despertar sobresaltado con el corazón latiendo fuer-
temente, tener dificultad para concentrarse, sufrir pérdida de
memoria, desorden mental, insomnio, tensión, confusión, esquizofrenia, alucinaciones, histeria, emociones incontrolables,
extraños procesos mentales, paranoia, parálisis, sensación de
ardor en el cuerpo, molestias en la oreja, espasmos, dificultad
para respirar, ataques cardiacos, pérdida de peso, retención de
agua, celulitis, cáncer, leucemia, daños en el sistema nervioso
y estados depresivos que pueden conducir al suicidio.

Se pueden presentar otros síntomas que se incremen-
tan a medida que se está más tiempo expuesto a las emisiones de frecuencias bajas.

Un senador de Estados Unidos aseguró que en el caso de su país, el zumbido estaba relacionado con artefactos
usados para la defensa, y solicitó al Pentágono apagarlos,

pero después, extrañamente, dejó el tema de lado. Otro científico perdió su trabajo tras acusar al Departamento de Defensa de ser el responsable de emisiones de baja frecuencia que producían los desagradables sonidos.

Irónicamente —en el caso de Taos, Nuevo México— hay personas que buscan vivir en la zona donde se escuchan los zumbidos, porque dicen haber presenciado actividad de ovnis en el área. En el subtítulo "Apariciones" de las páginas anteriores, se explica que los ovnis tienden a aparecer donde existe gran emisión de energía, sea de cualquier frecuencia, por lo que no es de extrañar que se manifiesten sobre áreas con vibraciones de frecuencias muy bajas.

Los ataques a la población indefensa suceden de muchas formas. Michael Dargaville, autor de varios libros y artículos, escribe que los extraterrestres reptoides y los zetas grises, desde una base lunar, usan armamento psicotrónico sobre la población terrestre para controlarla mentalmente. Estas armas, explica Dargaville, convierten el sonido en frecuencias electromagnéticas y tienen la capacidad de influir en la mente de la gente y cambiar su forma de pensar.

También pueden afectar el clima, causar terremotos y producir otros fenómenos "naturales". Dargaville cree que es una de las tantas armas usadas por algunos gobiernos para preparar esclavos mentales.

En los últimos años, con relativa frecuencia, se han visto bolas de fuego que parecen cometas, generalmente de color verde naranja, que atraviesan el cielo, y aunque a veces se relacionan con ovnis, varios investigadores sugieren que se trata de tecnología terrestre derivada de la extraterrestre, para controlar a las masas.

En el pasado, durante ciertas fechas, los extraterrestres empleaban este sistema para mantener aterrada y ba-

jo control a la población; ésta es una de las razones por las que los cometas están relacionados con los males cíclicos, y en las culturas primitivas simbolizaban el preludio de tragedias para la humanidad, porque a su paso había devastación, plagas, terremotos y erupciones volcánicas.

Como se ve a continuación, efectos similares se producen mediante las emisiones dirigidas desde infraestructuras ubicadas en diferentes regiones del mundo, aparentemente también diseñadas para afectar a la población.

Manipulación del clima

Otro método de control, según los expertos en el tema, se da a través de la manipulación climática. Es difícil negar que la naturaleza tiene cambios y ciclos de épocas glaciares —como en los tiempos de Noé o Atra-Hasis, según las traducciones de las tabletas mesopotámicas cuando presuntamente se dio un cambio de polos—, pero hoy es generalizada la convicción de que no todas las irregularidades que se presentan son de origen natural, se sospecha que muchas obedecen a la manipulación geofísica.

En el pasado, Wilhelm Reich logró provocar lluvias y desviar huracanes con una máquina que llamó *cloudbuster* (rompenubes), que era como un cañón con varios tubos conectados a una masa de agua, capaz de mover la capa de orgón que rodea la Tierra. Sin embargo, hoy se dice que los cambios climáticos no son consecuencia de un mecanismo como el de Reich —quien murió en la cárcel por insistir con su invento— sino que son producidos desde las instalaciones de Haarp, acrónimo de High Frecuency Active Auroral Research Program (Programa de investigación de aurora activa de alta frecuencia), cuya infraestructura se supone está ubicada en Gakona, Alaska.

La información oficial es que dichas instalaciones administradas por la Fuerza Aérea y la Marina estadounidense fueron diseñadas para investigar el efecto que producen las ondas electromagnéticas emitidas hacia nuestra atmósfera, y se trata de un programa de investigación científica y académica para mejorar las comunicaciones. Desde estas instalaciones se emiten ondas electromagnéticas, principalmente partículas ionizadas, hacia la atmósfera —concretamente hacia la ionosfera— para su estudio. De acuerdo a esto, es un calentador de la inosfera sobre la que actúa como una poderosa antena.

Sin embargo, extraoficialmente, se dice que es un programa basado en la idea original de Nikola Tesla —genio, supuestamente asesorado por extraterrestres— y se cree que oculta extraños experimentos de modificación del clima para provocar efectos artificiales en la naturaleza. Se piensa también que este programa forma parte de las armas concebidas en el marco de la iniciativa de defensa estratégica de los Estados Unidos. Además de Alaska, se supone que hay instalaciones Haarp en la isla de Vieques en Puerto Rico y en otras zonas geográficas.[17]

Desde las instalaciones de Haarp se emiten energías de alta intensidad, de las que resultan las de baja frecuencia conocidas con las siglas ELF (*Extremely Low Frequency*), que significan frecuencia extremadamente baja. Las *elfs* forman

---

[17] Oficialmente las instalaciones de Haarp se localizan en Alaska, pero se rumora que las fotos donde aparecen ubicadas en esa zona están trucadas porque siempre han estado en Long Island, cerca de West Hampton, en las inmediaciones de Brookhaven Labs. De hecho, se dice que en la actualidad existen 36 o más sitios desde donde opera Haarp.

la más peligrosa y mortífera arma de guerra, superior mil veces a la bomba atómica.

Según esto, desde Haarp se pueden transmitir millones de watts de energía a la atmósfera, cambiar el clima, emitir y dirigir rayos a puntos determinados para producir terremotos, erupciones volcánicas, huracanes, inundaciones, precipitaciones, nieblas, tormentas, aludes, sequías y todo tipo de fenómenos "naturales".

Asimismo, se puede alterar la conducta y el estado anímico de las personas, limitar y controlar mentalmente a poblaciones enteras e influir en sus pensamientos y sentimientos. En manos equivocadas, puede aniquilar a una población entera; incluso, se sospecha que a la acción de la tecnología de este proyecto se debió el enorme terremoto que destruyó Tangshan, China, el 28 de julio de 1976, donde se especula que murieron más de 650 mil personas, aunque el reporte oficial fue de 242 419. En relación con esto, un artículo publicado en el *New York Times*, el 5 de junio de 1977, explica que antes del primer movimiento telúrico a las 3:42 am, el cielo se iluminó con luces que se vieron a 200 millas de distancia, como si se tratara de la explosión de una bomba.[18]

Algunos investigadores creen que este efecto eléctrico estaba relacionado con el electroplasma magnético y las luces fueron el resultado de la tecnología estilo Tesla o de las transmisiones del tipo Haarp.

Aún cuando las *elfs* no se usen intencionalmente, aunado esto al efecto colateral de las emisiones de alta frecuencia, y las *chemtrails* o sendas químicas a las que nos referiremos más adelante, se han producido alteraciones de muchos tipos, que incluso han afectado a algunas especies marinas, las

---

[18] Ver http://www.amics21.com/laveritat/tsunami.htm

cuales se desorientan y cambian sus rutas, llegando a lugares donde quedan varadas para finalmente morir.

Oficialmente, las instalaciones de Haarp son para:

- Mejorar las comunicaciones y desarrollar nuevas formas de transmisiones de radio.
- Investigar el clima.
- Sacar tomografías intraterrenas para conocer si existen depósitos minerales y si hay instalaciones subterráneas.

Según información extraoficial, desde Haarp:

- Se producen armas electrónicas para causar desajustes físicos y psicológicos con el fin de controlar mentalmente a la población. Según Begich y Manning, autores de *Angels don´t Play this Haarp*, desde las instalaciones, literalmente, se puede escudriñar el cerebro e interrogar mentalmente a cualquier individuo seleccionado como objetivo. Es decir, se puede leer la mente por medio de telepatía artificial, o por el sistema psicotrónico (psiquismo técnico).
- Se modifican y manipulan los patrones climáticos a escala mundial al producir disturbios en la ionosfera.
- Se envía energía electromagnética a la ionosfera para ver qué efectos produce.
- Se manipulan el tiempo y el espacio.
- Usan partículas y rayos para abrir portales dimensionales. Se dice que las operaciones realizadas bajo las montañas de El Yunque, en Puerto Rico, son maniobras efectuadas por el gobierno estadounidense en combinación con extraterrestres grises. Se asume que tanto en Puerto Rico como en Brasil existen portales dimen-

sionales que se abrieron artificialmente aplicando la tecnología de Haarp. En ambos países, precisamente, es donde originalmente se reportó la aparición de las criaturas conocidas como "chupacabras", que de alguna manera parecen relacionarse con los experimentos.

- Los aceleradores de partículas pueden producir fisuras dimensionales por donde acceden entes reptiles a nuestro tiempo espacio.

A propósito de los reptiles, hace algunos años apareció en internet un supuesto memorando ultrasecreto que revelaba que hubo una falla de diecisiete minutos en la unidad 15-3 Proteus, en Ascensión Island, en el Reino Unido, que causó una serie de grietas dimensionales por la costa este de Estados Unidos y el suroeste de África.

El memorando explicaba que debido a esta falla —igual que otras sucedidas anteriormente— varios reptiles y animales predadores entraron a nuestra dimensión y deambulan libremente en la región sur de Nueva York y en la zona norte de Pensilvania.

La fecha en que fue emitido el memorando coincide con la celebración del día de los inocentes en Estados Unidos (1° de abril), lo que hace suponer que, aunque es probable que la información sea verídica, se presentó en esa fecha para sembrar dudas, porque cuando se quiere desinformar, la información debe contener suficientes datos fraudulentos para que la historia verdadera no sea creíble, y cuando se trata de datos oficiales, toda desinformación lanzada tiene algo que sí es real. Esto se hace como medida precautoria, para que, en caso de que algún disidente aporte pruebas fidedignas de lo que sucede, se le pueda desacreditar con el argumento de que fue un "borrego" lanzado como chiste.

Los que tienen el poder, para mantener la ignorancia en la población presentan "evidencias" no reales. Lanzan las noticias que quieren que las masas crean, no las verdaderas, porque las noticias reales nunca son públicas, se mantienen tras bambalinas y en secreto.

Algunos súbditos y asalariados de los gobernantes se ajustan a esto y escriben sólo lo que socialmente es aceptado, porque ya se ha convertido en "verdad" a fuerza de repetirlo en los medios de comunicación.

La ignorancia es esclava del mal y es el instrumento que se utiliza para mantener el control. La libertad de expresión no es sinónimo sólo de no reprimir al que habla, sino también de permitir que el que escuche forme sus conclusiones sin interferencia o manipulación.

Libertad de expresión es que las oportunidades sean las mismas, pero no es así, porque aunque se le permita a alguien publicar un hallazgo, sea físico, social, mental o psicológico, quienes detentan el poder usan toda su artillería para desacreditar a ese alguien que ejerció su derecho y se expresó libremente, pero que no posee los medios para probar que lo que dice es real.

Otros que conocen la verdad, callan, son colaboradores secretos que se vuelven cómplices de los poderosos ya sea por miedo o por dinero. Es sabido que la historia la escriben quienes detentan el poder.

Telefonía celular

Independientemente de las emisiones enviadas intencionalmente, existen aquellas derivadas del "progreso" en el que nos encontramos sumergidos, las cuales emiten frecuencias

dañinas. Estas son las que provienen de las señales de radio, de televisión, de redes de teléfonos celulares, de radares para el control del tránsito aéreo, de satélites meteorológicos y de vigilancia con fines militares, las emisiones de radio de la policía, de los taxistas; las que provienen de puertas automáticas de garaje, de todas las de instalaciones de vigilancia, así como las de un sinfín de dispositivos usados fuera y dentro de casas y oficinas.

Por todas partes están implantando el teléfono celular digital GSM (Global System for Mobile Communication) siglas que en español significan "Sistema global para las comunicaciones móviles", que se sustenta en el uso de una tarjeta SIM (Subscriber Identifty Module) que contiene todos los datos del usuario, como su número telefónico, servicios contratados, claves de seguridad, tráfico acumulado, números telefónicos personales, mensajes recibidos en voz y texto, y demás datos, que asegura al suscriptor seguridad y confiabilidad en sus comunicaciones.

Todo en aras del progreso, pero en detrimento de la salud, porque cada día aparecen más redes de repetidores por medio de antenas ubicadas sobre los techos de edificios y casas en zonas urbanas.

Existen algunos organismos que reportan que estas radiaciones de alta frecuencia, del rango de las microondas que emiten información pulsante modulada a baja frecuencia, interfieren negativamente sobre la salud del ser humano y también en la flora y la fauna. Las personas más afectadas son las que residen cerca de una antena repetidora, y las que viven más alejadas son las menos expuestas, pero en términos generales, toda la población recibe el impacto de estas emisiones, especialmente quienes sufren padecimientos del corazón y las personas de edad avanzada.

Los síntomas externos que pueden aparecer alrededor de los seis meses de estar expuesto a estas emisiones pueden ser reacciones alérgicas, ardor en la piel y los ya especificados anteriormente.

Aunque oficialmente no se ha determinado hasta qué punto afectan estas radiaciones a la población, de manera extraoficial se asegura que influyen negativamente en la división celular, el sistema nervioso, la actividad cerebral, el sentido de la orientación, y también dañan a los peces, aves y mamíferos. Se le considera en parte responsable de la disminución del campo magnético de la Tierra, que se ha vuelto errático, por lo que los mapas aeronáuticos usados para permitir a los aviones aterrizar con el uso del piloto automático han tenido que ser revisados en cada aeropuerto del mundo. En la época actual, la población mundial está viviendo bajo los efectos de una verdadera guerra electrónica.

Microchips

Varios autores, entre ellos David Icke, opinan que nuestro mundo está controlado por una red de sociedades secretas que dirigen los Illuminati (los patrocinadores del Nuevo Orden Mundial), quienes sirven a los extraterrestres malignos, que básicamente son de una raza reptil.

A través de las sociedades secretas se ha estructurado el mundo, con el fin de generar el máximo temor y angustia en la población, pues la energía que resulta de estas emociones es el alimento de los reptiles y otras entidades que habitan el interespacio; por lo que cuantas más guerras, conflictos, terror, desesperación y dolor se produce, más poder adquieren.

Estas entidades no tienen fuente de energía propia, sino un generador que se mueve con la energía de terror, rencor y odio que produce el humano con sus pensamientos, acciones densas, sentimientos y palabras. En la actualidad se vive con más angustia y temor porque están elevando la velocidad de su generador y requieren más energía.

Según estos investigadores, la estructura gubernamental está diseñada para controlar y cosechar nuestra energía de manera más eficiente. Tiene como finalidad limitar las oportunidades del ser humano de manera que no pueda ejercer su derecho a evolucionar. Esto se vio en el pasado cuando se imponían las creencias y a nadie se le permitía pensar con libertad o buscar un camino alternativo para el mundo espiritual. Todo se sujetaba a dogmas con penas severas para quien se oponía; hoy, desafortunadamente, la perspectiva comienza a igualarse, sólo que con el empleo de controles diferentes.

Se habla mucho del microchip inyectado en el cuerpo, que afanosamente algunos gobernantes buscan la forma de implantar "legalmente", como una especie de tarjeta de identidad y así vigilar a distancia a cada portador.

Para que las masas acepten este control sin rehusar se fabrican los pretextos, los peligros y los enemigos; como dice David Icke, los gobernantes producen el caos, ponen la trampa para que la gente reaccione con miedo y acepte cualquier solución, y ante una creciente criminalidad inducida, el pueblo temeroso, sin sospechar que ha caído en una trampa, accede a cualquier cosa, incluso a perder sus derechos individuales.

Una vez que se apruebe la ley que obligue a cada habitante a traer este aditamento insertado debajo de la piel, el que se resista será considerado criminal. La actitud de los globalifóbicos, aunque parece incongruente, se debe a su visión de lo que le espera en el futuro a la humanidad.

Basta imaginar un mundo peor que el que retrató George Orwell en su novela *1984*, donde cada habitante puede ser vigilado desde un satélite controlado por seres sin escrúpulos.

Si concedemos el beneficio de la duda a los controladores, y suponiendo que su intención es actuar de buena fe; es decir, que el microchip insertado realmente será para sustituir el que ya existe en muchas tarjetas y documentos de identificación, ¿qué sucederá si por una eventualidad, en el satélite que controla las señales, al chip le aparece una falla en las transmisiones y por error desaparecen los datos o se interrumpe la señal de determinada persona? La realidad es que ya no podría comprar ni siquiera lo básico y si —por llevar apellidos iguales— esto llegara a suceder con los miembros de una misma familia, podrían hundirse en la desgracia, en la pobreza, en el hambre o la depresión.

¿Y si lo mismo sucediera en todo un país? ¿En un país que hoy ya no es llamado de "tercer mundo", sino un "país de preocupación"?[19] El resultado sería desastroso y fatal.

Pero no es nada nuevo tener aditamentos de control insertados en el cuerpo, porque existen registros de 1874, donde se reporta que se experimentaba con ellos en el estado de Ohio, en Estados Unidos, y también en Estocolmo, Suecia.

En 1946 ya se colocaban electrodos en el cráneo de bebés sin el consentimiento de los padres, y en las décadas de 1950 y 1960 se comenzaron a utilizar implantes eléctricos en animales y humanos, especialmente en Estados Unidos.

---

[19] *World of concern* es el nombre con el que hoy los gobiernos de "países supervisores" están designando a los "países en vías de desarrollo".

Hace 30 años, chips como de un centímetro de largo empezaron a ser detectados en radiografías; después aparecieron manufacturados con silicón, como del tamaño de un grano de arroz crudo; años más tarde se hicieron como una microscópica fibra gelatinosa transparente con base en arseniuro de galio (un compuesto de galio y arsénico); hoy son tan diminutos —como del grosor de una hebra de pelo—, que son intravenosos y pueden inyectarse durante las intervenciones quirúrgicas, con o sin el consentimiento del paciente. Son casi indetectables e imposibles de extraer.

El controversial doctor José Delgado,[20] director de neuropsiquiatría de la Escuela Médica de la Universidad de Yale, pionero en la aplicación de aditamentos electrónicos para manipular la mente, y autor de *Physical Control of the Mind*, escribió en 1969: "Lo que nos espera es más peligroso que la destrucción nuclear. Nuestros conocimientos sobre el cerebro humano nos permiten prever el enorme peligro de intervenir directamente sobre las funciones cerebrales para manejarlas a placer; es decir, hacer del hombre un verdadero robot sin que ni siquiera se dé cuenta. Se crearon procesos que permiten teledirigir seres humanos gracias a la ayuda de chips implantados en el cerebro."

En un testimonio que dio en 1974, declaró que se necesitaba un programa de psicocirugía con fines de control físico de la mente y desde entonces hacía referencia a que todo el que se desviara de las normas establecidas podría ser mutilado quirúrgicamente, porque el hombre no tiene derecho

---

[20] José Manuel Rodríguez Delgado, considerado el monstruo más perverso para algunos, y eminente científico para otros, es muy conocido por su tristemente célebre experimento en la década de 1960 que consistió en paralizar a un toro —cuando estaba a punto de embestir— por medio de una señal enviada a un chip implantado en el cerebro del animal.

a desarrollar su propia mente, sino que debía ser vigilado eléctricamente. Pronosticó que algún día los militares serían controlados por impulsos eléctricos en el cerebro.

Qué es un microchip

Un microchip es un diminuto dispositivo de radiofrecuencia que contiene una clave única, un número que equivale a un código de barras. Con este aditamento —de la misma forma que se marca al ganado o a animales salvajes, para localizarlos— se puede monitorear a la persona que lo traiga insertado para recoger su información biológica, rastrearle, programarle, acosarle, aplicarle tormentos físicos y psicológicos o para realizar en ella futuras abducciones "extraterrestres".

También sirve como una especie de cámara que transmite todo lo que la víctima ve. Además de enviar sonidos y mensajes, también —de la misma forma como se hace en internet— se tiene la tecnología para mandar imágenes a través del microchip, para que el receptor perciba lo que el controlador quiere. Se especula que algunos individuos que "canalizan" y tienen visiones, en realidad ven proyecciones enviadas desde un satélite al chip que le ha sido insertado.

Cuando se activa el chip, por medio de impulsos que pasan a través de la piel, emite una señal con la clave, la cual es transmitida al lugar que tiene la base de datos, que en el caso de los extraterrestres, tanto los "benevolentes", como los "malos" ("demonios" de antaño) —si es que aún aplican esa técnica, que para ellos ya debe ser obsoleta— seguramente es monitoreada desde las naves o cualquiera de sus bases terrenas o intraterrenas.

Esto es algo que han hecho desde tiempos inmemoriales, pero ahora se ahorran el trabajo porque enseñaron la tecnología a grupos gubernamentales aliados a ellos, que se encargan de hacerlo.

Adicionalmente, desde hace algún tiempo se han estado incorporando chips en las vacunas contra la gripa, el tétanos, polio y otras enfermedades; por esto, algunos investigadores creen que la mayor parte de la población ya tiene un microchip. Además, vienen integrados en los implantes dentales, del busto, de los glúteos, en los marcapasos, válvulas y prótesis en general, porque desde 1990 los fabricantes de accesorios y aditamentos médicos están obligados a ponerlos en sus productos.

La explicación oficial es que se trata de monitorear los signos vitales de los pacientes, y la extraoficial es que es una marca de identificación para mantener vigilado a todo el que recibe un implante.

En tiempos recientes —como se expresó anteriormente— comenzó a insertarse en los animales, después en voluntarios convencidos de la bondad del producto, pero la intención es que su aplicación sea obligatoria y es una de las prioridades gubernamentales para ejercer el control vía satélite.

Para convencer a la población se hace mucha difusión sobre los beneficios que proveerá, tales como rastrear al portador en caso de secuestro, sustituir las tarjetas de crédito, evitar los fraudes, acabar con los engorrosos documentos de identificación, pasaportes y todo tipo de cédulas; pero no se menciona que una vez inyectado, el gobierno tendrá un control absoluto sobre el individuo.

El chip es recargable y se considera un tipo de identificación legal que, en el caso del presidente de los Estados

Unidos, tiene el poder de implantar obligatoriamente cuando decide que es necesario.

No se conoce exactamente de qué manera funcionan los implantes puestos por extraterrestres, pero el efecto parece ser igual a los colocados por ciertos grupos gubernamentales, los cuales responden a una central unida a un satélite y, de la misma manera que las víctimas de extraterrestres, los implantados son monitoreados a distancia y podrían convertirse en objetivos para ser hostigados con los diversos padecimientos de los que hemos hablado.

Por medio del microchip se puede modificar la conducta del portador para que manifieste euforia, depresión, impotencia, degeneración sexual o alteraciones de la sexualidad; se le pueden dictar órdenes, transmitir mensajes por medio de voces directas al cerebro, dar mandatos para hacer daño o divulgar mentiras sobre cualquier tema, provocarle pensamientos obsesivos, incluso incitarlo a asesinar a su familia, a masacrar gente inocente, convertirlo en espía, en esclavo sexual o influir en sus sueños. En fin, atormentarlo mentalmente hasta llevarlo a la locura o el suicidio. Los ataques pueden ser enviados a través de la computadora, la televisión, la radio, incluso directamente a la víctima mientras duerme.

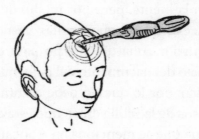

Una de las incógnitas del pasado era la forma en que los extraterrestres localizaban a una persona para secuestrarla una y otra vez; y en el caso de los demonios —que aquí, teó-

ricamente, son los mismos extraterrestres "malos"— cuál era el sistema que usaban para tomar posesión del cuerpo de sus víctimas sin importar en qué lugar se encontraran.

Ahora —conociendo que existe la tecnología— sabemos que en ambos casos el rastreo se hace por medio de un microchip que implantan desde el primer momento en que la víctima es seleccionada.

Actualmente, para los extraterrestres, el implante podría ser ya cosa del pasado y el rastreo podría hacerse con métodos más sofisticados, porque si en el mundo moderno en que vivimos, los gobernantes tienen técnicas de control tan avanzadas que el ciudadano normal no puede ni imaginar, los extraterrestres que han estado monitoreando a los humanos desde su origen, seguramente cuentan con tecnología que aún no transmiten a sus aliados terrestres.

Un individuo con un circuito integrado de esta naturaleza no puede huir ni tener escondite para resguardarse, el chip lo denuncia y es vigilado por el poderoso ojo del controlador.

Antes se decía que las personas atacadas por demonios estaban alucinando porque todo estaba en su cabeza y se suponía que eso era sólo una forma de expresión, pero ahora, a la luz de muchas revelaciones, comprendemos que es posible que esté en la mente, pero por medio de un microchip implantado en la cabeza; porque además, casualmente, se estableció que la mejor zona del cuerpo para colocarlo es la frente, justo debajo del nacimiento del pelo, que coincide con el vaticinio bíblico, por lo que no debe extrañarnos por qué muchos estudiosos de la Biblia creen que ésta es la verdadera marca de la Bestia que se menciona en Apocalipsis 13:16-18.

A este fin hará que todos los hombres, pequeños y grandes, ricos y pobres, libres y esclavos, tengan una marca en su mano derecha, o en sus frentes. Y que ninguno pueda comprar o vender, sino aquel que tiene la marca o nombre de la bestia, o el número de su nombre. Aquí está el saber, quien tiene inteligencia, calcule el número de la bestia, que su número es de un hombre, y el número de la bestia, seiscientos sesenta y seis.

Quien acepte la marca de la Bestia podrá tener ventajas materiales pero se condenará eternamente, según se interpreta en Apocalipsis 14:9-11.

A esto siguió el tercer ángel diciendo en voz alta: si alguno adorare la bestia y su imagen, y recibiere la marca en su frente o en su mano, este tal ha de beber también del vino de la ira de Dios, de aquel vino puro preparado en el cáliz de la cólera divina, y ha de ser atormentado con fuego y azufre a la vista de los ángeles santos y en la presencia del Cordero. Y el humo de sus tormentos estará subiendo por los siglos de los siglos, sin que tengan descanso alguno, de día ni de noche, los que adoraron la bestia y su imagen, como tampoco cualquiera que recibió la marca de su nombre.

En el pasado se dificultaba interpretar el significado de estos pasajes, pero ahora se comprende que era una forma antigua de describir lo que sucede en la actualidad.

Por medio del microchip, los pensamientos y acciones del receptor podrán ser controlados desde afuera con más precisión; pensará y actuará de acuerdo con lo que se le programe, ya no tendrá libre albedrío, perderá todos sus derechos mentales, emocionales y físicos, porque su mente estará siendo controlada por individuos que no necesa-

riamente estarán interesados en su desarrollo. Una persona con un microchip en el cerebro se convierte en vegetal o zombi. Con los implantes se tendrá acceso directo al cerebro de la víctima, recogiendo sus percepciones y emociones, tomando las decisiones por ella, manipulando la química de su organismo, aplicándole dolor o placer según convenga y borrando su memoria para reforzar comandos.

George C. Andrews, según relata en su libro *Extraterrestrial Friends and Foes* (*Extraterrestres, amigos y enemigos*), cree que la producción de armas tipo *Star Wars* por el gobierno de Estados Unidos, es por órdenes de los grises que quieren estar preparados cuando los rubios benevolentes traten de rescatar al planeta; de ahí la premura en colocar más microchips en la población, de modo que cada individuo se convierta en un esclavo sin posibilidad de razonar, obedeciendo y siguiendo mecánicamente las instrucciones que le dicten desde un satélite. Para esto, algunos elementos del gobierno de Estados Unidos —en contubernio con los grises— están poniendo más satélites en órbita. Pero esta teoría no concuerda con lo que reportan muchos abducidos, porque curiosamente, también los benevolentes ponen implantes.

Los planes a futuro para la humanidad, incluyen insertar un implante en cada recién nacido para rastrearlo durante toda su vida, en cualquier lugar que se encuentre; aunque —como vimos antes— se especula que esto ya se ha venido haciendo de forma clandestina desde hace mucho tiempo.

El microchip estaba programado desde antes de la aparición del código de barras, pero se consideró que éste sería el paso adecuado para ir acostumbrando a la población a la necesidad de control, no sólo sobre los productos, sino también sobre las personas.

Testimonios de víctimas de implantes

Los testimonios que aparecen a continuación se refieren a ataques directos a víctimas previamente seleccionadas. Son ejemplos para tener una idea del sufrimiento del portador de un implante al que se le dirigen ondas de baja frecuencia.

1. David Fratus, en mayo de 1988, fue internado en la prisión estatal de Utah bajo cargos de robo en segundo grado; posteriormente, en una carta fechada en octubre 18 del mismo año, declaró que después de once meses en prisión, por un pequeño altercado con otros prisioneros tuvo problemas con los oficiales de la cárcel. Le hicieron la vida imposible, torturándole y amenazándole con enfermedades y con asesinar a sus padres.

Fue confinado a una cámara en solitario y comenzaron a sucederle cosas extrañas que él adjudica a los experimentos que le hacían. Sentía estar bajo la influencia de drogas y padecía insomnio y severos dolores de cabeza. Finalmente, el personal psiquiátrico lo declaró enfermo mental, diagnosticándole paranoia y delirio de persecución. Los oficiales se mofaban de él con comentarios maliciosos como: "¿Disfrutas tus dolores de cabeza?", "¿necesitas aspirinas?", "¿duerme usted bien, señor Fratus?"

Comenzó a escuchar ruidos y sonidos con una intensidad y volumen tal que sentía que se le perforaba el cráneo. El sonido venía de adentro, como si fueran celdas electrificadas. Cuando se quejaba, los oficiales lo golpeaban y lo encerraban desnudo en una celda vacía, sin colchón, ni papel sanitario, ni agua para beber, y elevaban los sonidos para enloquecerlo más. Escuchaba una voz que le decía todo lo que pasaba por su mente. Con sólo pensar en un amigo de hacía 30 años, la voz le proporcionaba el nombre y datos

particulares del amigo; con sólo pensar lo que quería decir, podía comunicarse con quien o quienes lo torturaban y no había forma de engañarlos porque parecían tener más acceso a sus recuerdos que él mismo; con sólo mover un botón, sin necesidad de encadenarlo, podían quitarle toda resistencia y mantenerlo dócilmente acostado en su catre, inmóvil como un zombi, con la mirada fija en el techo, desesperado y sin siquiera tener la capacidad de caminar por la celda.

Esto lo hacían por varias semanas seguidas y el resto del tiempo Fratus vivía desesperado, continuamente atormentado. Le aplicaban descargas eléctricas que los guardias de la prisión llamaban "rayos mortales", y eran tan fuertes que tenía la sensación de estar rodeado por una fuerza magnética que le producía una punzante vibración en la cabeza, con horribles reacciones físicas y mentales.

A veces sentía que dirigían los rayos a la base del cerebro; otras, a los lóbulos frontales, con una sensación dolorosa parecida a la lobotomía (mutilación de los lóbulos frontales), que no le permitía concentrarse o deletrear las palabras más simples.

Cuando escribió la carta, después de haber salido de prisión, revivía continuamente su terrible experiencia y aún se sentía atacado por "rayos mortales" que lo hacían rebotar como un yo-yo humano.

2. Otro caso es el de Alex Constantine, autor de *Psychic Dictatorship in the USA (Dictadura psíquica en USA)* y de *Virtual Government (Gobierno virtual)*, quien expresó en una carta de diciembre de 1994 dirigida a la revista *Mondo 2000*, que por cinco años fue víctima de un programa de la CIA.

Su tortura fue electromagnética y comenzó como represalia porque hizo investigaciones vinculadas a actividades ilícitas del gobierno militar y federal respecto a los cultos que desde la década de 1960 se crearon para encubrir experimentos de control mental, para la distribución de drogas y para otras actividades ilícitas.

Constantine expresó que esperaba que la publicación de su carta pudiera servir para prevenir a los lectores de la terrible amenaza que representan las armas electromagnéticas y también para alertar sobre la desinformación que al respecto genera el gobierno.

Asegura que diariamente sufre en carne propia torturas provenientes de una fuerza controlada a distancia que lo martiriza con microondas, lo mantiene despierto durante muchos días por medio de sonidos chirriantes y sufre indescriptibles torturas psíquicas.

Una vez sufrió un ataque con infrasonido tan terrible que lo derribó literalmente y lo mantuvo arrastrándose de dolor por el piso y gritando angustiosamente. Los ataques psicológicos han sido tantos que asegura que para silenciar a los disidentes políticos no se requieren campos de concentración, porque la casa de la víctima puede transformarse en una cámara de torturas. En presencia de dos reconocidos psicólogos le sacaron magnetos incrustados en el cráneo, pero cuando escribió a Amnistía Internacional, su carta no recibió respuesta y en represalia dos de sus amigos fueron atacados con microondas.

Según Constantine, las historias de abducciones por parte de "extraterrestres" han sido mitos usados para encubrir el desarrollo de armas electrónicas, y el "síndrome de recuerdos falsos" es un programa implementado para contradecir toda información relacionada con los abusos y ridiculizar al denunciante.

Un caso que parece confirmar esta teoría es el relatado por la ufóloga Jenny Randles sobre una mujer que reportó ha-

ber sido raptada y sometida a experimentos a manos de lo que parecían ser médicos. Mientras le inducían una serie de imágenes hipnóticas, recuerda que escuchó que en tono irónico uno de los médicos decía: "Creerán que son platillos voladores."

3. Otro ejemplo de ataques por medio de microchip es el de Dave Bader quien, después de solicitar permiso de seguridad como contratista en una dependencia oficial, tuvo que someterse a un procedimiento dental y a partir de allí comenzó a vivir la peor pesadilla de su vida.

Empezó escuchando voces que parecían originarse en el cuarto donde se encontraba y pensó que alguien había manipulado su equipo de sonido y puesto bocinas en las paredes, pero luego descubrió que las voces no venían de fuera, porque le taladraban el cerebro aun fuera de casa; además, estaban acompañadas con intensos dolores de cabeza.

Le tomaron radiografías y se encontró que tenía un implante en la nuca, pero los médicos se negaron a extraerlo; al contrario, le dijeron que estaba obsesionado y le sugirieron tratamiento psiquiátrico y medicamentos. Se mudó a otro estado y cambió de trabajo, pero nada resultó, porque seguía siendo atacado con sonidos y voces cavernosas que le repetían continuamente: "Estoy en tu mente." No podía dormir y cuando lograba hacerlo se despertaba cada dos horas, desgastado y sin energía para resistir los ataques.

Recibió tantos ataques electrónicos que ahora tiene movimientos compulsivos en diferentes áreas del cuerpo y una constante presión dolorosa en la cabeza.

Todavía lo siguen martirizando a diferentes horas, pero generalmente la presión en la cabeza es cuando está manejando y los ataques con electrochoques vienen cuando trata de dormir o cuando piensa en sus verdugos, como si quisieran que los ignorara y luego castigarlo cuando lo hace.

Bader asume que los responsables son los productores de armas nucleares. Dice que sabe que cualquiera que reporta hechos como éste es tildado de esquizofrénico y ridiculizado, pero piensa que al exponerlos existe la esperanza de encontrar remedio a su dolor; adicionalmente cree que es una forma para que más personas estén enteradas de lo que sucede, porque está convencido que existen más víctimas que sufren igual que él.

El código de barras

En 1973 se comenzó a usar el código de barras que hoy viene impreso en casi todos los productos que se compran. El código de barras se llama UPC (*Universal Product Code*) que significa Código Universal de Producto. Los códigos están formados por líneas de diferente grosor y separación entre cada una. El código que representa el seis son dos líneas delgadas con una leve separación entre ellas, que como guardianes aparecen al principio, al centro y al final de cada código; es decir, todos los códigos de barra curiosamente tienen exhibidos preponderantemente los dígitos 666, número que según vimos anteriormente, se relaciona con la marca de la Bestia, según Apocalipsis 13:18, donde dice: "El que presuma de inteligente vea si puede descifrar el número de la bestia que es número humano: es el seiscientos sesenta y seis."

"Casualmente", la frecuencia de 6.66 Hz —el mismo número de la bestia y de los guardianes del código de barras— es específicamente responsable de la depresión y las tendencias suicidas. Tomando estas consideraciones en cuenta, algunos estudiosos se dieron a la tarea de buscarle

significado a estas coincidencias y encontraron que el código de barras emite vibraciones negativas e incoherentes que desarmonizan a las personas y, además, la energía que emiten puede afectar negativamente nuestros alimentos, vida y entorno.

Quienes manejan el péndulo o las varas de radiestesia pueden comprobar por sí mismas que, efectivamente, la energía del código es negativa. La forma de hacerlo es tomando algunos artículos de la despensa o del refrigerador y preguntar si la energía que brota de las barras del código es auspiciosa para la salud. La respuesta será NO. Sin embargo, existe una solución. Una vez que se han verificado los códigos de varios artículos, se deberá trazar una línea perpendicular sobre las barras, lo que eliminará de inmediato las vibraciones negativas.

Para comprobar que se han transmutado las energías, con el péndulo o varas sobre las barras se deberá preguntar si emiten frecuencias positivas. La respuesta será afirmativa, lo que indica que con este simple procedimiento de inmediato se cambia la vibración. Una vez convencidos de que existe remedio, se sugiere tachar los códigos de todo lo que existe en la casa y establecer el hábito de hacerlo cada vez que se adquiere un artículo nuevo. Puede comenzar con este libro, que sin el código no habría llegado a sus manos.

El diseñador del código de barras, George Joseph Laurer, en su página web explica que el número 666 en el código se debe a una coincidencia, de la misma manera que sus tres nombres tienen seis letras en cada uno[21].

Factores externos que afectan la salud: sendas químicas

Entre las anomalías que parecen relacionarse con extraterrestres se encuentran las "sendas químicas", que algunos investigadores sugieren son parte de la "Alternativa 3" para reducir la población mundial. Estas sendas son conocidas como *chemtrails* y son líneas que aparecen en el cielo, supuestamente debido a la emisión de compuestos químicos tóxicos que afectan negativamente la salud de la población. No se trata de las estelas formadas por los aviones a reacción que se desvanecen al poco rato que se conocen como *contrails*, sino de una serie de estelas que duran más de 40 minutos —a veces horas— y luego se diluyen quedando como una especie de bruma en el cielo. Los trazos que forman son como docenas de líneas paralelas, a veces trazan cuadrados, estrella o curvas extrañas. Incluso se han visto descendiendo en lugares donde no existe pista de aterrizaje. Observados con catalejos se ve que no proceden de los reactores de las aeronaves, sino de un humo químico arrojado desde aviones fumigadores sobre ciudades, no sobre campos de cultivo.

En algunas fotografías se aprecian ovnis cerca de las sendas; en otras, se ve claramente que son los ovnis mismos

---

[21] Para más información, visite: www.thenazareneway.com/666_the_number_of_the_beast.htm; y www.av1611.org/666/barcode.html y www.equilibra.uk.com/illusion.shtml.

quienes esparcen los químicos, lo que sugiere que los extraterrestres están involucrados o han prestado su tecnología para construir las naves. En ambos casos se comprende que de una manera u otra hay ovnis de por medio, además, varios investigadores han encontrado una relación entre la aparición de las sendas químicas y las abducciones.

Los químicos esparcidos así parecen ser la causa de muchos padecimientos que de un tiempo para acá se han desatado incontrolablemente en el mundo, entre ellos, el cáncer, arteriosclerosis múltiple, Alzheimer, mal de Parkinson, gripes de todas las denominaciones, así como muchas otras que no eran tan comunes como lo son en la actualidad. Contrario al reporte oficial que indica que las estelas corresponden a un método de predicción meteorológica, varios investigadores sugieren que más bien podría tratarse de un plan secreto para exterminar a la población no deseable por medio de contaminación bacteriológica de la atmósfera.

De hecho, se piensa que el interés por tener muestras del ADN de la población mundial tiene como finalidad preparar bacterias que afecten a determinados grupos genéticos, de modo que si se envía un virus a una población perjudicará sólo a aquéllos que corresponden al código para el que fue preparado. Así, los controladores podrán seleccionar a la población que deberá permanecer viva y sana y exterminar a la restante. Adicionalmente, cada persona tiene una resonancia bioeléctrica cerebral única, igual que las huellas digitales; y si se aplican los impulsos eléctricos adecuados se puede enviar señales a su cerebro para producir voces e imágenes visuales; es decir, para que la víctima escuche y tenga la visión que el controlador quiera. En resumen, las enfermedades pueden producirse por medio de las vibraciones adecuadas para cada víctima o grupo, y luego dirigirla al objetivo. También se puede copiar el patrón de las ondas cerebrales que producen las drogas y enviar frecuencias extremadamente bajas (*elfs*) para que la o las víctimas perciban visiones semejantes a las que reportan quienes experimentan con las drogas. Una vez regados los microbios en el aire, se sintonizan con la enfermedad por medio de ondas armónicas y sub armónicas que hacen que las enfermedades sean más letales e infecciosas para cumplir con su objetivo: la muerte, el exterminio. Se seleccionan las poblaciones que están dentro del plan para terminar con ellas. Independientemente de las fumigaciones aéreas y del control mental por medio de ondas extremadamente bajas, se han desarrollado métodos químicos que alteran la mente por medio de gases que se inyectan en los ductos de aire y en las tuberías de agua. De hecho, ya se han encontrado bacterias y virus en las aguas de varios países y se especula que fueron colocados intencionalmente con los fines ya indicados.

Para que el público se acostumbre a ver las sendas químicas en el cielo como algo natural, se le ha preparado a través de comerciales, juegos electrónicos, caricaturas, en algunos programas de las condiciones del clima y noticieros, en cuyas escenografías se observa el fondo parecido a un cielo azul con formaciones lineales en color blanco.

Algunas muestras de los químicos dejados por las sendas se han analizado en laboratorios y el resultado obtenido demuestra que además de contener elementos nocivos para la salud, también afectan el estado de conciencia de la población produciendo apatía, depresión y cambios radicales en la conducta. Algunos de los componentes aumentan la dopamina en el cerebro produciendo un estado de euforia y un rendimiento mental más bajo. Con esto se comprende que además de los virus y bacterias esparcidas para produ-

cir enfermedades, parece que el objetivo también es alterar la percepción de la realidad de las víctimas para que se les dificulte conocer la diferencia entre lo real o ilusorio. Sin embargo, según los investigadores, éste es sólo uno de los programas puestos en práctica para mantener a la población en un estado de inercia. A esto se deberá sumar el flúor en el agua potable, el aspartame, así como otras drogas farmacéuticas cuyo consumo se interconecta con el plan.

Instalaciones ocultas en aviones

En algunos sitios de internet circula una historia relatada por un mecánico de aerolíneas que trabaja en una base de mantenimiento de un aeropuerto grande a quien se le asignó revisar un avión que reportaba un problema; al examinarlo, descubrió que se trataba del sistema de desechos de excrementos del avión. Explica que los mecánicos se clasifican por rangos: en primer lugar están los que dan servicio a la electrónica del avión y a los motores o controles de vuelo. En segundo, los que atienden el sistema hidráulico y el aire acondicionado; después quienes trabajan en la zona de la cocina y en otros sistemas no esenciales, y finalmente, el mantenimiento de las tuberías, tanques y bombas donde se almacenan los desechos sanitarios. Los que tienen esta asignación no tienen oportunidad de convivir con los de los primeros grupos porque es un trabajo sucio y menos digno, por lo que no es una tarea que agrade a ningún mecánico. Cuando comenzó la revisión descubrió que habían más tanques, bombas y tuberías de lo normal, y además, no estaban conectadas al sistema de desechos. Quiso averiguar más pero llegó el mecánico que generalmente se encargaba de atender este sistema y abandonó la investigación. Intrigado, al día siguiente, en la computadora de la compañía buscó información sobre lo que había visto y se sorprendió al comprobar que ningún manual hacía referencia al equipo adicional. A la semana siguiente se le presentó la oportunidad de hacer la revisión de otro avión, y nuevamente encontró que tenía más tanques, tuberías y bombas de las necesarias. Siguió la pista de los cables conectados a este equipo suplementario y encontró que la unidad de control estaba en una caja que no tenía ninguna identificación. Rastreó los cables de control de la caja a las bombas y válvulas pero no había un circuito de control en la unidad. Este sistema adicional tenía un tanque grande y dos pequeños. El grande parecía tener capacidad de almacenar alrededor de cincuenta galones. Los tanques se conectaban a una válvula de llenado y vaciado que pasaba por el fuselaje justo detrás de la válvula de drenaje del sistema de desecho. La conexión estaba oculta tras un panel usado para acceder al drenaje de desecho. Las tuberías de las bombas iban a una red de tuberías que terminaban en los bordes de escape de las alas y de los estabilizadores horizontales. Cada tubo del misterioso sistema terminaba en una de cada tres salidas de estática de las alas. Estas salidas falsas se habían ensanchado para permitir una expulsión más fácil. Mientras hacía esta indagación fue sorprendido por uno de los encargados, quien le ordenó retirarse. Después fue despedido temporalmente y amenazado por teléfono por andar husmeando en lo que no debía. Buscó en Internet y encontró un sitio que hablaba de los *chemtrails*, y fue así que comenzó a sospechar que algo extraño ocurria, sabía que el equipo que había descubierto tenía la función de rociar algo que debía mantenerse oculto. Cuando regresó a su trabajo encontró una nota en su casillero que decía: "La curiosidad

mató al gato. No busques en internet lo que no te concierne", lo que le hizo comprender que a partir de sus indagaciones estaba siendo vigilado. Cree que los tanques se rellenan desde los mismos camiones que llegan para llevarse los desechos, y luego se programa la unidad de control para que el rociado comience cuando el avión alcanza cierta altitud.* (Puede encontrar este artículo y más información sobre las sendas químicas en http://www.prisonplanet.com/Pages/Apr_05/170405_Chemtrails.html.)

Fotografías de cielo con Sendas químicas (Chemtrails)
Fuente: http://www.mundodesconocido.com/webs/Chemtrails/
chemtrails.htm

Interior de avión preparado especialmente
para regar tóxicos en el ambiente.

El silencio de los medios de comunicación

A menos que sea con tono de burla, los medios de comunicación pocas veces reportan cualquier tipo de fenómeno ovni, mucho menos hacen referencia a la cantidad de casos que evidencian acciones de personal de programas secretos que incluyen abducciones, tormentos y hasta la muerte de algunas víctimas.

Incluso, muchas muertes seriales que contienen señales inconfundibles de corresponder a sacrificios humanos en honor de entidades satánicas son veladas por los medios, como si temieran represalias al publicar la verdad.

A pesar de que muchos medios de comunicación están enterados de la verdad y saben que hay mucho detrás de la "teoría" del gobierno secreto que manipula a la humanidad, tratan esto como un gran chiste y se limitan sólo a dar una absurda información "oficial" sobre cualquier noticia que se relacione con estos hechos.

Todo parece comprensible, ya que muchos investigadores, por atreverse a profundizar en estos temas, han muerto en circunstancias extrañas, como sucedió con Jim Keith, William Cooper, Phil Schneider, Yessup y otros.

Aparentemente, en la batalla por la humanidad existen dos poderes más complejos de lo que se creía: la fuerza de la oscuridad, formada por algunos militares y gobernantes sin escrúpulos, unidos a entidades extraterrestres "malos", que a la vez están trabajando conjuntamente con entidades del bajo astral.

El otro grupo está formado por personas conscientes, trabajando en las distintas áreas gubernamentales, así como civiles de todas las condiciones, algunos quizá asesorados por seres cósmicos de elevado nivel, quienes a la vez

son guiados por los espíritus celestiales que conocemos como Ángeles, porque también los que habitan otros planetas salieron del seno de Dios y tienen Ángeles que los guían; aunque —igual que en nuestro planeta— no todos siguen sus directrices. Todos los seres tienen la libertad de elegir su destino; si así no fuera, y sólo en nuestro planeta existiera el libre albedrío, no tendrían libertad entes de otro espacio para llegar a dañar a la humanidad.

Es bastante probable que los extraterrestres en el pasado hayan manipulado genéticamente al ser humano,[22] y probablemente lo siguen haciendo en la actualidad. Los reportes de víctimas que aseguran haber sido implantados con aditamentos minúsculos se incrementaron a partir de la década de 1960 —fecha que coincide con una de las supuestas alianzas del gobierno norteamericano con los alienígenas—, lo que hace suponer que, efectivamente, asesorados por extraterrestres, existen maniobras gubernamentales en muchos de los casos.

No obstante, tampoco se puede negar que también hay reportes de objetos desconocidos patrullando o emitiendo rayos desde el cielo desde el origen de la humanidad.

Hay que agregar también que apenas en la década de 1980 comenzaron a aparecer reportajes que directamente involucraban a algunos militares, y a partir de entonces, en la mayoría de los casos, las víctimas de control mental usadas para pruebas secretas o experimentos genéticos de pro-

---

[22] Por las investigaciones realizadas en el Proyecto Genoma Humano se desprende que 97 por ciento de las secuencias no codificadas (originalmente clasificadas como ADN basura) del ADN humano es código genético de vida proveniente de algún espacio fuera de nuestro planeta (ver información completa en www.agoracosmopolitan.com/home/Frontpage/2007/01/08/01288.html).

yectos negros del gobierno hablan sólo de personal humano implantándoles microchips y sometiéndolas a indescriptibles torturas; pero no hacen referencia a ninguna experiencia con extraterrestres.

Tal parece que en el caso de las víctimas de control mental, los victimarios ya no se toman la molestia de utilizar la pantalla de "abducciones extraterrestres", porque confían —apoyados en sus programas de desinformación y descrédito a testigos— que nadie creerá a las víctimas aun cuando muestren sus radiografías con objetos extraños en el cuerpo.

Los lavados de cerebro realizados a las víctimas se conocen como "reforma de pensamiento", "modificación de comportamiento", "terapia de reflejos condicionados", entre otros.

Una versión generalizada es que los grises se encargan del secuestro pero es personal médico humano quien realiza las dolorosas intervenciones. Después de las abducciones, algunas víctimas son acosadas por agentes humanos, les intervienen sus teléfonos, interceptan su correo y son vigilados continuamente desde helicópteros.

Debido a su inclinación a crear armas mortíferas, se cree que algunas agencias gubernamentales tienen a los mejores científicos trabajando en sus proyectos, con armas biológicas que vuelven obsoletas todas las armas existentes.

También hay investigadores que reportan que el gobierno posee sensores electrónicos y dispositivos de detección que les permite ver a través de objetos sólidos, como las paredes, lo que les da acceso a observar todo lo que hace un individuo; pueden tomar fotografías de las personas y de lo que hay detrás de los muros privados de una casa; también se cree que tienen platos voladores con dispositivos de propulsión electromagnética, cuyo combustible es el campo magnético de la Tierra.

Maniobras para desacreditar a investigadores

La desinformación es tan exagerada que nunca se sabrá con certeza qué corresponde a la verdad de todo lo que se publica. Hay autores como Steven M. Greer, que explican que es probable que se publique algo relacionado con el fenómeno ovni, aunque será una revelación artificial controlada por los guardianes de los secretos, porque no es ningún misterio la existencia de los ovnis, sólo existe sigilo, encubrimiento y un velo de ofuscación establecido deliberadamente sobre el tema.

Por cada testigo que se atreve a sacar a la luz sus experiencias, o persona que publique lo que sucede, existe un grupo enorme con encargo oficial para desacreditarlos. Adicionalmente, por cada portal que aparece en internet dando datos sobre los casos relacionados con los extraterrestres, existen 50 más encargados de desinformar, ridiculizar o presentar datos "oficiales" que explican la "confusión" o "paranoia" de los implicados.

Es probable que la humanidad esté siendo deliberadamente mal informada por un gobierno sombra, corrupto y egoísta, pero aún así, si existen los extraterrestres "benevolentes" y su deseo es establecer comunicación amistosa con los seres humanos, no se explica por qué se ocultan, por qué temen manifestarse de modo que todos pudieran verlos.

Igual que Steven M. Greer, muchos investigadores opinan que existe un plan con un trasfondo siniestro que se aprovecha del deseo de la mayor parte de la humanidad de vivir en un mundo pacífico, armonioso, con justicia social, sin contaminación, con una economía de abundancia, donde la destrucción del medio ambiente y la pobreza sean cosa del pasado.

En este mundo no habría necesidad de invertir en el sector militar, ni en armas, porque no habría guerras, ya que todos los habitantes del planeta vivirían unidos sin odio; no habría racismo, ni represión, ni pasiones egoístas; se aprovecharía la tecnología para acabar y controlar muchas enfermedades; se suprimiría la aparición de nuevos virus; se controlaría el dolor físico, emocional y mental.

También aquí podría emplearse la energía libre basada en dispositivos de punto cero que, según algunos, ya existe —pero se encuentra reprimida por intereses egoístas. Sería un mundo donde toda información y sabiduría sería compartida por los habitantes, y se buscaría el crecimiento y el conocimiento de la realidad de los mundos paralelos con seres de elevada naturaleza que están prestos a auxiliarnos y guiarnos.

En fin, sería un mundo progresista, lleno de paz, amor y espiritualidad. Este es el deseo de la mayoría, pero esto afectaría a los pocos que quieren mantener el poder y el dominio sobre los habitantes del planeta; para esto, consideran necesario mantener a la humanidad en la ignorancia, el temor y la angustia; porque el que adquiere sabiduría se separa de la telaraña de mentiras y se independiza del control de los egoístas.

Cada día hay más personas comprendiendo que hay algo misterioso detrás del ocultamiento de los fenómenos relacionados con los ovnis, y es por esto que algunos investigadores opinan que desde hace mucho tiempo se está orquestando un escenario de terror para finalmente dar la noticia de que efectivamente los extraterrestres son reales y todos son malos porque han estado abduciendo y atormentando a sus víctimas, y ahora pretenden invadir masivamente y tomar control del planeta.

Entre los planes está la aparición de un falso Cristo que llegará en platillos voladores para rescatar a los "elegidos", que nadie sabe hacia dónde serán conducidos. También hay reportes de abducidos que narran sus encuentros con extraterrestres "malos", que dicen haber fabricado las historias religiosas y que proyectarán imágenes de Jesús, de la Virgen y otras figuras místicas.

Todo está envuelto en la confusión, por ello cobra tanta importancia que elevemos nuestra conciencia a Dios Padre, pidamos iluminación del Espíritu Santo y apoyo de nuestros Ángeles Guardianes, porque la realidad es que hay muchas contradicciones y si estos planes son reales, a través de la ayuda celestial sabremos qué hacer.

Montaje de invasión

Antes de morir de cáncer en 1977, el doctor Wernher von Braun, físico alemán naturalizado norteamericano, considerado padre del programa espacial de la NASA, le dijo a la doctora Carol Rosin, su portavoz durante los últimos cuatro años de su vida, que se había creado un programa armamentista en el espacio para de esta manera controlar el planeta.

Von Braun le confió que la estrategia usada para someter a la gente es mantenerla atemorizada, y para lograr esto existía una maquinaria mediática, que es el complejo de inteligencia militar, industrial y de laboratorios encargado de mantener la psicosis en la población mundial.

Después de la Guerra Fría contra los rusos, que supuestamente tenían satélites asesinos, el plan siguiente sería el "terrorismo mundial"; luego habría que resguardarse de los locos de los países del tercer mundo; después habría que tener armas para desbaratar otros enemigos, los asteroides. Finalmente, la excusa sería una invasión "extraterrestre".

El físico alemán indicó a Rosin que no existían enemigos, que todo se trataba de una impostura urdida por quienes controlan el mundo. Pero si no existe una amenaza espacial, ¿por qué se está implementando esta maquinaria armamentista? Algunos opinan que es porque quienes detentan el poder han establecido sus bases en otros planetas para escapar de la erosión y daño causado a la Tierra, y en el momento de huir podrán asegurarse de que nadie los siga.

Otra versión es la del doctor Steven M. Greer,[23] que explica que la creación del programa armamentista espacial no es una cuestión de seguridad, sino un plan para evitar que los extraterrestres "benevolentes" ayuden a la humanidad, a la que le darían, entre otras cosas, la tecnología para solucionar las necesidades energéticas y evitar el uso de los contaminantes combustibles fósiles. Esto, obviamente, dañaría los intereses de las grandes compañías petroleras.

Aparentemente, también algunas experiencias con ovnis son montajes para ocultar las operaciones de control mental. Jim Keith, en su libro *Saucers of the Illuminati*, dice que algunos de los encuentros con ovnis son preparados por personas trabajando detrás del escenario para tratar de convencernos de que estamos siendo invadidos por extraterrestres.

John Keel también es de la opinión que muchos platillos voladores pueden ser un disfraz para ocultar la realidad;

---

[23] Steven M. Greer MD, Director del CSETI (organización para el estudio de Inteligencia Extraterrestre) en el Disclosure Project (Proyecto Revelación), asegura tener evidencias de seres del espacio que están aquí para protegernos y hace un llamado al gobierno estadounidense para que revele la verdad sobre ellos.

son como caballos de Troya que descienden en los bosques y granjas, prometiendo salvación y ofreciéndonos el esplendor de una gran supercivilización en el cielo.

El doctor Greer revela que tiene cientos de testimonios de informantes del gobierno, militares y corporativos, quienes afirman que:

> Los ovnis son reales [...] algunos han sido construidos por el gobierno mediante sus proyectos secretos "negros" y otros son de civilizaciones extraterrestres [...] un grupo ha guardado este secreto para retener la tecnología [...] que puede sustituir la necesidad del petróleo, del gas, del carbón, de la energía nuclear ionizante y otros sistemas de energía centralizados y sumamente destructivos [...] No se trata de dinero [...] sino de poder geopolítico [...] El mundo es mantenido en un estado de guerras turbulentas, de pobreza infinita para la mayor parte de los habitantes de la Tierra y en ruina ambiental global, sólo para mantener este malévolo orden mundial [...] La doctora Rosin presentó su testimonio al Proyecto Revelación antes del 11 de septiembre. Y otros más me dijeron explícitamente que los objetos que parecían ovnis, pero que habían sido construidos por y estaban bajo el control de los proyectos "negros" de profundo encubrimiento, estaban siendo usados para un simulacro —para escenificar un engaño— de acontecimientos de apariencia extraterrestre, incluyendo algunas abducciones y mutilaciones de ganado, con el motivo de sembrar las tempranas semillas de miedo cultural respecto a la vida en el espacio exterior. Y en algún momento, después del terrorismo global, se desarrollarían acontecimientos que utilizarían los ahora revelados Vehículos de

Reproducción Extraterrestre o ARVs (por sus siglas en inglés, *Alien Reproduction Vehicles*), que son los ovnis de ingeniería invertida, construidos por humanos tras el estudio de verdaderas naves extraterrestres, para escenificar el engaño de un ataque a la Tierra [...] Los verdaderos acontecimientos extraterrestres raras veces son reportados al público. La Maquinaria se asegura de que los reportes falsos que causan temor y son intrínsecamente xenófobos, sean vistos y leídos por millones. Este acondicionamiento mental para temer a los ETs ha sido reforzado sutilmente durante décadas, en preparación para engaños futuros [...] Las armas con base en el espacio ya están en su lugar –son parte de un programa secreto, paralelo, espacial que ha estado funcionando desde la década de 1960. Los ARVs están construidos y listos. Las tecnologías holográficas espaciales para el engaño están en su lugar, han sido puestas a prueba y están listas para ser lanzadas. Y los Grandes Medios de Comunicación son el peón...[...]

Los controladores

Algunos datos que confirman la influencia negativa de ciertos grupos gubernamentales en el destino humano se encuentran en muchos libros, entre ellos *Conspirators Hierarchy: The Story of the Committee of 300* del doctor John Coleman (edición 1992 de America West Publishers) en el que relata:

En mi carrera de agente profesional de inteligencia, tuve la oportunidad de ver una serie de documentos secretos y confidenciales. Lo que vi me llenó de coraje y resenti-

miento, e inicié una trayectoria de la que no me he desviado, particularmente en descubrir cuál es el poder que controla y dirige los gobiernos británico y de los Estados Unidos[...] El gobierno secreto no opera desde sótanos húmedos y cámaras subterráneas secretas. Están a la vista de todos[...] Los monstruos verdaderos visten traje y llegan a trabajar al capitolio en limosinas. El Comité de los 300 hace tiempo decretó que debe haber un mundo mejor y más pequeño[...] Debe hacerse una selección entre los miles de comelones inservibles (*useless eaters*) que consumen los escasos recursos naturales[...] ¿Cuáles son los objetivos de este grupo secreto y elitista?

1. Un gobierno mundial único.
2. La destrucción absoluta de toda identidad y orgullo nacional.
3. La destrucción de la religión.
4. Poder sobre todas las personas a través de métodos de control mental y la creación de robots semejantes a los humanos y un sistema de terror.
5. Poner fin a la industrialización y a la producción de electricidad generada con energía nuclear. Las industrias de Estados Unidos que permanezcan serán exportadas a países como México, donde la mano de obra con esclavos es abundante. Los desempleados tras la destrucción industrial se volverán adictos ya sea al opio, heroína, cocaína o se convertirán en estadísticas en el proceso de eliminación.
6. Legalización de las drogas y la pornografía.
7. Despoblar las ciudades grandes mediante genocidios.

8. Represión de todo el desarrollo científico excepto de aquellos calificados como benéficos al Comité (...) Hay un odio particular contra los experimentos de fusión y actualmente son despreciados y ridiculizados por el Comité y sus chacales de la prensa. El desarrollo de la antorcha de fusión arruinaría el concepto del Comité de que los "recursos naturales son limitados".

Una antorcha de fusión utilizada adecuadamente podría crear recursos naturales ilimitados y no utilizados a partir de la mayoría de sustancias comunes. Los usos de la antorcha de fusión son innumerables y beneficiarían a la raza humana en una forma que el público no alcanzaría a comprender.

9. Por medio de guerras en los países avanzados y por medio de hambre y enfermedades en los países del Tercer Mundo, habrá acontecido la muerte de 3 mil millones de personas para el año 2000, personas que ellos califican de "comelones inservibles".

10. Debilitar la moral de una nación y desmoralizar a los trabajadores creando un desempleo masivo [...] Los trabajadores desmoralizados y desalentados se refugiarán en el alcohol y las drogas. La juventud será incitada por medio de la música rock y las drogas para rebelarse contra la situación existente, y por tanto debilitará y destruirá la unidad familiar [...] El Comité de los 300 encargó al Instituto Tavistock que preparara un anteproyecto de cómo se puede lograr esto. Este trabajo después se conoció con el nombre de La Conspiración de Acuario.

11. Evitar que las personas en cualquier lugar decidan su propio destino por medio de la creación de crisis, una tras otra y después se "controlarán" esas crisis. Esto los confundirá y desmoralizará. En consecuencia se dará una apatía a escala masiva.

12. Otro de sus objetivos es introducir nuevos cultos y seguir impulsando aquellos que todavía están funcionando, incluidos los hampones de la música rock; por ejemplo, Mick Jagger de los Rolling Stones y los grupos de "rock" creados por Tavistock, cuyo inicio fueron Los Beatles.

13. Seguir aumentando el culto conocido como fundamentalismo cristiano, que será malversado para fortalecer el estado sionista de Israel.

14. Presionar para diseminar los cultos religiosos como la Hermandad Musulmana, el fundamentalismo musulmán, y llevar a cabo experimentos como los asesinatos realizados por Jim Jones y el "Hijo de Sam".

15. Exportar ideas como la liberación religiosa alrededor del mundo para debilitar todas las religiones actuales y en especial la religión cristiana.

16. Provocar una bancarrota total de las economías mundiales y crear un caos político mundial.

17. Asumir el control de todas las políticas internas y exteriores.

18. Brindar apoyo completo a instituciones supranacionales como Naciones Unidas, el Fondo Monetario Internacional.

19. Penetrar y derrocar todos los gobiernos, y trabajar desde adentro para destruir la integridad de las naciones.

20. Organizar un mecanismo de terrorismo mundial y negociar con los terroristas cada vez que ocurran ataques terroristas.

21. Tomar el control de la educación en Norteamérica con la intención y propósito de destruirla por completo. Los norteamericanos por lo general menosprecian a México y ésta es precisamente la actitud que el Comité quiere que los habitantes de Estados Unidos le den a México.

México recibió la mayoría de su tecnología nuclear de Argentina, pero la Guerra de las Malvinas le puso fin a ese capítulo. Si México contara con estaciones de energía nuclear se podría generar electricidad barata y en abundancia, y se hubiese convertido en la ' "Alemania de Latinoamérica". Tal escenario hubiese sido un desastre para los conspiradores.

Lo que el Comité de los 300 tiene en mente para México es que sea un feudo con campesinos, lo que permita dirigirlo fácilmente y saquear el petróleo mexicano. Desea que quede en una situación de desprotección.

Observe a su alrededor y verá qué tan desmoralizados estamos. Drogas, pornografía, *rock and roll*, sexo sin compromiso, la unidad familiar totalmente debilitada, lesbianismo, homosexualidad y finalmente el terrible asesinato de millones de bebés inocentes por parte de sus propias madres. ¿Ha existido algún crimen tan perverso como el aborto masivo?

Estamos reaccionando exactamente como ellos desean. Las personas desmoralizadas y con-

fundidas son las más adecuadas para darle la bienvenida a la aparición repentina de un gran hombre que les prometerá resolver todos los problemas y garantizará una sociedad ordenada en donde todos tendrán empleo y la lucha interna será mínima. El dictador será recibido con brazos abiertos.

Pacto secreto

William Cooper, nacido en 1943 y cuya extraña muerte (abatido a tiros cerca de su casa el 5 de noviembre de 2001) ha sido objeto de muchas especulaciones, fue miembro de la Inteligencia Naval en Estados Unidos y polémico autor del libro *Behold a Pale Horse (He ahí un caballo blanco).*

Habló del tratado formal entre el gobierno norteamericano y extraterrestres "malos", cuya historia se resume de la siguiente manera: en 1953, los astrónomos descubrieron en el espacio unos objetos que creían eran asteroides que se acercaban a la Tierra. Después comprobaron que se trataba de naves espaciales que al alcanzar la Tierra se situaron en órbita sobre el Ecuador. Era una considerable cantidad de naves enormes, cuyas intenciones se desconocían. Se hicieron contactos por radio, gracias a un lenguaje binario de computadora.

En el mismo periodo, otra raza de extraterrestres humanoides también contactó al gobierno de Estados Unidos, y le puso sobre aviso de la raza extraterrestre que rodeaba el Ecuador.

Propuso ayudar a la humanidad en su desarrollo espiritual y como condición preliminar pidió que se desmantelaran y destruyeran las armas nucleares. No aceptaron un intercambio de tecnología porque argumentaron que los humanos no estábamos preparados para manejar ni siquiera la tecnología que ya poseíamos y nos faltaba madurez espiritual.

Dijeron que sólo utilizaríamos las nuevas tecnologías para destruirnos los unos a los otros. Explicaron que estábamos en el camino de la autodestrucción, que debíamos aprender a vivir en armonía, parar de matarnos, dejar de contaminar la tierra y arrasar con sus recursos naturales.

Estas condiciones fueron consideradas con extrema desconfianza, particularmente la exigencia del desarme nuclear. Se estimó que aceptarlas nos volvería totalmente vulnerables frente a una eventual amenaza extraterrestre. No se tenía ninguna referencia de una situación similar en la historia de la humanidad que hubiera podido ayudarnos. El desarme nuclear se consideró finalmente contrario a los intereses de los Estados Unidos y se rechazó la oferta.

Durante 1954, la raza de los extraterrestres de color gris y nariz gruesa, aquéllos que habían rodeado la Tierra, aterrizó en la base aeronaval de Holloman. Se estableció un principio de acuerdo. Esta raza se identificó como procedente de un planeta del sistema de una estrella roja en la Constelación de Orión que nosotros conocemos como Beltegeuse, y dijeron que su planeta se extinguía y que no podrían vivir allí mucho más tiempo.

Tuvo lugar un segundo aterrizaje, esta vez en la base aeronaval de Edward. Este acontecimiento histórico había sido previamente preparado y los detalles del acuerdo que se habían previsto en la primera reunión fueron ratificados.

El presidente Eisenhower se reunió con los extraterrestres y se firmó un acuerdo formal entre la nación extraterrestre y los Estados Unidos. Se recibió entonces al primer

diplomático extraterrestre del universo. Vino con el título de "excelentísimo señor plenipotenciario Krll". La bandera de los extraterrestres se llamaba "la trilateral".

El acuerdo suscrito preveía que los extraterrestres no se inmiscuirían en nuestros asuntos y que nosotros haríamos lo mismo con ellos. Debía mantenerse en secreto su presencia en la Tierra. Nos harían beneficiarios de su tecnología y nos ayudarían en el desarrollo científico. Además, no podían llegar a ningún acuerdo con otra nación terrestre.

Se les dio permiso para raptar determinada cantidad de personas, supuestamente para fines de investigación médica y para estudiar nuestro desarrollo, con la condición de que no sufrieran daño y fueran devueltas al mismo lugar del secuestro sin recuerdo de lo acontecido.

Los extraterrestres se comprometían a entregar regularmente una lista de sus contactos humanos y de los secuestros que realizarían. Se convino que cada nación acogería un embajador de la otra, durante todo el tiempo que el acuerdo permaneciera en vigor.

Con el fin de conocerse mutuamente, la nación extraterrestre y los Estados Unidos debían intercambiar dieciséis personas de forma permanente, y en tanto los invitados extraterrestres mantuvieran su residencia en la Tierra, los invitados terrestres visitarían el lugar de origen de los extraterrestres.

Se acordó también construir bases subterráneas exclusivamente para la nación extraterrestre, y dos para uso común. El intercambio de tecnología se realizó en las bases comunes. Las bases reservadas para los extraterrestres fueron construidas bajo las reservas indias que se encontraban en una zona ubicada entre los estados de Utah, Colorado, Nuevo México y Arizona. Se construyó otra en Nevada.

La base extraterrestre donde tenían lugar las transferencias de tecnología se denominó "La cara oculta de la luna". Se fabricaron equipos especiales para proteger los proyectos secretos. Un segundo proyecto, denominado Snowbird, se activó inmediatamente, y su función era que en caso de que se viera accidentalmente algún aparato aéreo, se debía dar una explicación oficial diciendo que se trataba de pruebas de la Fuerza Aérea. Este proyecto se usó para desacreditar los verdaderos e irrefutables avistamientos de naves extraterrestres.

Las conclusiones de William Cooper se transcriben en el siguiente texto:

1. Los dirigentes de la organización todopoderosa y secreta parten de la base de que el planeta Tierra va a destruirse por sí mismo por culpa de nuestra estupidez o por la Volundad Divina. Estos hombres están honestamente convencidos de actuar correctamente intentando salvar a la raza humana. Es una trágica ironía de la suerte que se hayan visto obligados de escoger como compañero a una raza extraterrestre que debe ella misma afrontar una dura prueba para su propia supervivencia.

   En esta tentativa, se han adquirido muchos compromisos en detrimento del derecho y de la moralidad. Estos compromisos son grandes errores que deben rectificarse y los responsables, ser juzgados por ellos.

   Comprendo que el miedo y la urgencia fueron determinantes en la decisión de no informar al público. No obstante, no puedo aceptar esta decisión. A lo largo de la historia, pequeños grupos de hom-

167

bres poderosos han creído ser los únicos capaces de decidir la suerte de millones de seres humanos. Y cada vez, se han equivocado.

Nuestro país debe su existencia a los principios de libertad y democracia. Creo con toda mi fuerza que los Estados-Unidos no conseguirán nunca nada haciendo caso omiso a estos principios. El público tiene derecho a toda la información sobre lo que pasa y todos juntos debemos intentar salvar a la raza humana.

2. Somos gobernados por una potente organización integrada por humanos y extraterrestres que pretenden esclavizar parte de la raza humana. Debemos hacer todo lo que esté en nuestras manos para evitar esto.

3. La potencia extraterrestre ha manipulado y abusado del gobierno con el fin de esclavizar o destruir a la raza humana. Debemos evitar que se llegue a esto.

4. Para resumir, nos está pasando una cosa que desafía nuestra imaginación. Debemos esforzarnos para conocer los hechos y la verdad para actuar en consecuencia.

Sea cual fuere la verdad, debemos conocerla y saber qué pasa en la actualidad, tenemos derecho a ello. La situación en la que nos encontramos es el resultado de nuestros propios actos y de nuestra desidia durante los últimos 44 años. La culpa es sólo nuestra, y sólo nosotros podemos cambiar las cosas. Por ignorancia o por confiar demasiado, nosotros, el pueblo, hemos abandonado nuestro papel de vigilante de nuestro gobierno. El gobierno se sustenta sobre el siguiente dicho: "El pueblo, por el pueblo, para el pueblo." Nunca se ha dado por hecho que debíamos renunciar a nuestro papel y otorgar toda nuestra confianza en las manos de algunos extraños hombres que se reúnen en secreto y deciden nuestro destino.

De hecho, la estructura de nuestro gobierno se conformó para evitar esto mismo. Si hubiéramos asumido nuestro verdadero papel de ciudadanos, todo esto no hubiera pasado.

La mayoría de nosotros somos ignorantes respecto a las más elementales funciones de nuestro gobierno. Nos hemos convertido en una nación de ovejas. Y finalmente, las ovejas son conducidas al matadero. Ha llegado el tiempo de enfrentarse a la situación y comportarnos como verdaderos hombres.

Os recuerdo que los Judíos europeos se dirigieron dócilmente hacia los hornos crematorios, a pesar de los avisos que recibían. No llegaban a imaginar que los hechos eran reales. Cuando se dio a conocer el holocausto provocado por Hitler, no podía creerse que hubiera ocurrido. Afirmo aquí y ahora que Hitler fue manipulado por los extraterrestres.

He expuesto la verdad tal como la veo. Me es indiferente lo que puedan pensar de mí. Sólo he cumplido con mi deber. Mi destino me es totalmente indiferente: ahora puedo presentarme ante Dios con la conciencia limpia. Creo en Dios. Creo en Jesús Cristo, mi salvador.

Creo además en la Constitución de los Estados Unidos de América tal como fue pensada y escrita. Hice la promesa de protegerla y defenderla contra cualquier enemigo interior o exterior.

> Estoy firmemente dispuesto a cumplir mi promesa.
> *Milton William Cooper*[24]

Alternativa 3

En otro documento, conocido como "Alternativa 3", William Cooper afirma que en 1957 el presidente Eisenhower ordenó que se estudiara el escenario para ver si realmente el mundo estaba en peligro, y según la conclusión de algunos científicos, el planeta se autodestruiría poco después del año 2000 debido a la sobrepoblación y explotación del medio ambiente. Los científicos de Jason Society confirmaron los hallazgos y recomendaron tres opciones, conocidas como Alternativa 1, 2 y 3.

La Alternativa 1, se refería al uso de detonadores nucleares para abrir agujeros en la estratófera, por donde podría liberarse el calor y la contaminación hacia el espacio. Cambiarían la cultura de la explotación de la Tierra hacia la conciencia ecológica. De las tres alternativas se decidió que ésta era la menos viable debido a la naturaleza irresponsable del ser humano, y también porque la explosión nuclear podría provocar más daño.

A pesar de esto, algunos investigadores han conjeturado que probablemente sí se ha empleado la Alternativa 1, y es lo que ha causado el agujero en la capa de ozono.

La Alternativa 2, proponía construir una gran cantidad de ciudades subterráneas y túneles para el refugio de perso-

---

[24] Obtenido de la dirección electrónica: http://groups.msn.com/Viajerosdel-Tiempo/colaboradores.msnw?action=get_message&mview=O&ID_Messa ge=422&LastModified=4675458554441838328.

nas seleccionadas (la "supremacía blanca") para la supervivencia de la raza humana.

El resto de la humanidad sería abandonada en la superficie para arreglársela como pudiera. Según los estudiosos del tema, esta Alternativa fue puesta en práctica y las ciudades subterráneas ya existen y aguardan el momento para servir de refugio a los elegidos.

La Alternativa 3, consistía en usar la tecnología extraterrestre para que algunos elegidos establecieran colonias en otros planetas. Según William Cooper, es probable que se haya consignado a una gran cantidad de seres humanos para ser enviados como esclavos y trabajar en este proyecto.

La Luna, cuyo nombre en clave es "Adán", fue uno de los puntos de interés para la colonización, seguida del planeta Marte (cuyo nombre en clave es "Eva"). Cooper habló de poseer fotos de una de las bases en la Luna, y creía que la colonia en Marte era ya una realidad.

Las tres alternativas contemplaban el control mental, la esterilización y la introducción de microbios mortales para controlar o aminorar el crecimiento de la población mundial. El virus del sida es sólo uno de los resultados de este plan.

La élite decidió que en vista de que la población debe ser reducida y controlada, sería apropiado deshacerse de los elementos indeseables de la sociedad, y se acordó que debían eliminarse algunos sectores de población.

Aunque los de la élite estaban en condiciones de resolver la situación de otra forma, como transportar, en caso necesario, el exceso de población a otros planetas; solucionar el problema energético y de alimentos, optaron por el genocidio masivo. Se crearon nuevos virus, se fomentó el aborto, la alteración de la sexualidad para evitar nacimientos y otros métodos para reducir la población.

Al Bielek (uno de los chicos del Proyecto Secreto en Montauk, cuya información aparece en el capítulo 4) coincide en que el presidente Roosevelt se reunió con dos grupos de extraterrestres: el Grupo "K" que son los grises, y después con los pleyadanos quienes, al ser rechazados, se fueron del lado de Hitler.

En 1940 los militares descubrieron que los extraterrestres con los que trataban eran malignos y tuvieron fricciones con ellos. Entonces los militares montaron Psy-Corps, un grupo de investigación y desarrollo para estudiar el mundo paranormal. La intención era realizar espionaje psíquico de alto nivel para ver qué hacían los alemanes y también para mantener vigilancia sobre las diferentes razas alienígenas.

Reclutaron a cuanta persona con habilidades psíquicas encontraron y empezaron secretamente sus experimentos. A los psíquicos se les dio una nueva identidad y trabajaron estrechamente con el doctor von Neumann.

Una vez que comenzaron los experimentos, se requería un entrenador psíquico como director, por lo que buscaron a la persona capacitada, que resultó ser un walk in de un extraterrestre. Abrieron un túnel del tiempo entre 1940 y 1980 para traer equipo, a fin de moldear el pasado para la economía del futuro y también para que naves extraterrestres entraran por allí. Los grises necesitaban esta fisura espacio-temporal para que sus naves pudieran entrar a nuestro espacio.

ABDUCCIONES
Y SUPLICIOS

La palabra "abducción", dentro del campo de la ovnilogía, se usa para indicar la experiencia de individuos que aseguran haber sido secuestrados desde sus camas, coches o en parajes apartados, por seres intergalácticos, y fueron llevados después a naves espaciales para ser sometidos a interrogatorios y dolorosos experimentos de laboratorio.

Algunos afirman haber sido raptados desde su infancia en múltiples ocasiones, durante las cuales, incluso, recibieron enseñanzas de sus captores. Casi ninguno recuerda conscientemente los hechos hasta que, inesperadamente, algo ocurre que le perturba, tiene una visión en retrospectiva o recuerda vagamente algo vivido durante el rapto y recurre a la hipnosis para encontrarle sentido a sus inquietudes.

Las experiencias de los abducidos a veces parecen ilógicas y absurdas. La incongruencia es el patrón esencial en este fenómeno, como si se sembrara un drama confuso en el inconsciente de la víctima, para desorientarla. Sin embargo, una vez recobrada la memoria, la víctima recuerda claramente las humillaciones e inhumanos estudios hechos

por sus abductores, a los que generalmente identifica con extraterrestres.

Aunque la percepción de cada víctima sobre su experiencia puede variar, en casi todos los casos estudiados la gente ha sido sometida a vergonzosos y crueles experimentos.

Cómo se percibe un abducido a sí mismo

La forma en que un abducido se percibe, en relación con sus experiencias, depende de lo que recuerda de ellas. Muchos creen que los extraterrestres son "hermanos del espacio" que advierten sobre la amenaza que representa la proliferación nuclear y otras actividades igualmente peligrosas.

Hay otro grupo que no cree que las intenciones de los extraterrestres aunque supuestamente sean positivas; otro grupo supone que cualquier tipo de contacto equivale a una iluminación mística; otro los percibe como mensajeros apocalípticos y, finalmente, hay quienes los ven como entes manipuladores que implantan dispositivos electrónicos para monitorear o controlar mentalmente. Las diversas percepciones podrían resumirse en:

A. El grupo formado por individuos que se consideran "víctimas" de tortuosos experimentos, con padecimientos traumáticos que los mantienen tensos y temerosos por el resto de su vida, no aceptan la teoría de los extraterrestres "benevolentes".

B. En otro grupo están quienes no creen que fueron secuestrados por extraterrestres, sino por gente del gobierno de algunos países desarrollados y sus aliados para hacerles experimentos. Los de este grupo fueron hipnotizados o les implantaron recuerdos falsos, para que se creyeran rehenes de grises o de otras razas, insectoides o reptiles.

C. Un grupo más está conformado por los que han tenido experiencias aterradoras con reptiles y aseguran haber sido atacados por demonios y relacionan sus vivencias con los relatos medievales de posesión satánica.

D. Existe un grupo formado por quienes se perciben como "contactados" o "elegidos" y hablan de maravillosos viajes en fabulosas naves pilotadas por amorosos seres de otros sistemas, galaxias o universos. Brad Steiger, en su libro *Gods of Aquarius (Los dioses de Acuario)*, llamó "gente estelar" a los contactados que reciben mensajes, presuntamente, para ayudar a la humanidad. A partir de entonces muchos se refieren a sí mismos como "hijos de las estrellas" (*starseeds*, cuya traducción literal es "semillas estelares").

Creen ser llevados a lugares de aprendizaje en otra dimensión, mundo, realidad alterna o a una especie de nave. Allí son instruidos y les dan tareas para desempeñar y metas qué cumplir. Algunos investigadores cuestionan si la instrucción tiene propósitos humanitarios o si tiene el fin de preparar gente con mente robotizada que responda a detonadores especiales, para cumplir con gestiones que no favorecen al resto de los humanos, sino a los "guías", para que estos tomen el control del mundo.

En cuanto a por qué los extraterrestres no se manifiestan abiertamente, los contactados aseguran que existen protocolos para el contacto; se debe tener un alto grado de honestidad, integridad e interés en despertar las conciencias, de modo que las personas comprendan la necesidad de amar con nobleza y de compartir con los otros.

E. Los que integran otro grupo no recuerdan haber sido abducidos, pero se consideran "canales" que reciben mensajes telepáticos de seres inteligentes que habitan otros planetas o un universo que coexiste con el nuestro, o des-

de planos de elevada vibración. Declaran que sus mensajes se relacionan con la expansión de conciencia, los próximos cambios planetarios y la transformación de la humanidad en seres más espirituales y puros.

La mayoría de los que corresponden a este grupo se conciben como ciudadanos del Universo que sólo viven aquí temporalmente, porque decidieron encarnar en la Tierra para cumplir una misión especial. Hay quienes creen ser "canales" de Jesús, la Virgen, San Miguel, San Gabriel y de todos los Ángeles; algunos hablan en lenguas, otros escriben símbolos o ideogramas.

F. Existe otro grupo conformado por personas que, a pesar de que su estima fue ultrajada por los sometimientos y los dolorosos experimentos médicos sin anestesia, eventualmente, sienten atracción y a veces se enamoran de sus captores, los defienden, los justifican, los eximen del maltrato que sufrieron por su causa y buscan pretextos para disculparlos, por lo que no es raro escuchar frases como: "Se ven obligados a someter a los seres humanos al dolor porque quieren mejorar la raza", o "Todo es en beneficio de la humanidad." Incluso hay ilógicas expresiones como: "Los que hacen daño son adolescentes extraterrestres que no son conscientes de sus actos."

Un principio universal es respetar el libre albedrío de las personas y aun los extraterrestres "buenos" de cualquier raza, con toda su piedad y benevolencia, parecen prestar poca atención a esta regla, porque en los reportes han aparecido protagonistas secuestradores de todas las razas: grises, reptiles, insectoides, rubios, y una combinación de todas. En esta clasificación de abducidos hay pocos integrantes, porque la mayoría recuerda con horror la experiencia y vive aterrada el resto del tiempo.

Un ejemplo del amor profesado por una víctima de asalto sexual por un extraterrestre-demonio es el de una cantante de jazz que declara haber estado locamente enamorada de un reptiliano. Cuenta que la primera vez se despertó en la noche siendo poseída sexualmente por un ser que parecía un dios griego; cerró los ojos y al abrirlos, el "dios" se había transformado en un reptil con piel escamosa, como de víbora, quien le dijo que siempre habían estado juntos y se amaban.[25]

Síntomas de abducción

Según los investigadores, muchas personas han sufrido abducciones, pero no las recuerdan porque los mismos secuestradores se encargan de implantarles un programa de olvido después de cada abducción.

Muchos síntomas son semejantes a los abusos que reportaron las víctimas de los campos de concentración nazi, lo que sugeriría que en algunos casos es probable que los científicos de la Alemania nazi estuvieran trabajando de forma clandestina, simulando ser extraterrestres o siendo asesorados por ellos.

A continuación se detalla una serie de indicaciones para identificar si se ha sido víctima. No se necesita reunir todos los síntomas, pero sí un porcentaje grande, para que se pueda considerar que se ha sufrido una abducción.

Tampoco es necesario recordar el acto de la abducción en sí porque, generalmente, los secuestradores se encargan

---

[25] Puede encontrar más información sobre este caso en http://www.greatdreams .com/reptilian.reps.html y www.crystalinks.com/aliensex.html.

de borrar el hecho de la memoria de sus víctimas. Esta es una lista que compila la opinión de diferentes especialistas sobre los síntomas:

- Despertar en la noche en estado catatónico, consciente pero sin poder moverse, paralizado y con la sensación de ver o sentir que hay una entidad extraña cerca.
- Durante la noche estar paralizado, pero consciente, y escuchar −generalmente en el oído izquierdo− una horrenda voz o varias voces burlonas. Escuchar voces extrañas y molestas. Escuchar zumbidos sin reconocer su procedencia.
- Escuchar una voz externa mentalmente; tal vez guiando o dando instrucciones.
- Recibir mensajes "canalizados" de extraterrestres o, sin recordar ninguna interacción, creer que se tienen mensajes de ellos.
- Creer que se tiene una misión importante en la vida y de manera compulsiva dedicarse a cumplir con una tarea sin saber por qué.
- Haber tenido experiencias inexplicables. Tener la sensación de que se es alguien especial o un "elegido".
- Tener experiencias psíquicas o intuitivas. Desarrollo de facultades paranormales.
- Al despertar, recordar haber visto a alguien paralizado al lado; generalmente es una persona con quien se vive, que se encuentra en estado catatónico. Según algunos testimonios, los extraterrestres, al abducir a un sujeto, paralizan a las personas que lo rodean, quienes permanecen congelados en el tiempo hasta que la víctima es devuelta.

- No recordar qué sucedió durante un periodo determinado, que puede ser de horas o minutos. Es como si la memoria se hubiera borrado durante un lapso.
- Ser testigo de avistamientos de ovnis. Ser informado de que se estuvo desaparecido o en presencia de ovnis.
- Despertar espantado en medio de la noche. Despertar gritando.
- Tener pesadillas reiterativas o desarrollar fobias repentinas hacia objetos o situaciones específicas; tener fobia o miedo irracional a las alturas, víboras, arañas, insectos, ruidos, luces; asustarse al ver un helicóptero sobrevolando cerca; temer estar solo o por la seguridad personal.
- Tener miedo a los *clósets* o armarios en cualquier época de la vida.
- Tener recuerdos de volar, como una realidad, no por haberlo soñado.
- Soñar que se atraviesan paredes, ventanas y estructuras concretas.
- Soñar que se encuentra en un laboratorio con personal médico o militar.
- Soñar estar sometido a una intervención quirúrgica o a un examen físico.
- Soñar que se presencian catástrofes.
- Soñar con ojos observando fijamente, como queriendo hipnotizar. Soñar con ojos parecidos a los de venados o lechuzas. Temor o fijación con los ojos.
- Cuando se está quedando dormido, en el crepúsculo del sueño, de manera persistente, ver imágenes de ovnis o extraterrestres.
- Tener sueños vívidos de experiencias con naves espaciales o con extraterrestres.

- Ver en la recámara esferas de luz o imágenes de formas variadas y luminosas.
- Ver luminosidad repentina del exterior, que entra a la casa, sin corresponder a una causa explicable.
- Sueños recurrentes con luces extrañas, con alienígenas o con "platillos voladores".
- Ver bruma o niebla que no debiera estar.
- Aparición, sin causa conocida, de cicatrices o marcas en el cuerpo, especialmente como una pequeña cavidad en las piernas o brazos, o una pequeña incisión en cualquier región, a veces totalmente cicatrizada; hay pinchazos, marcas o piquetes de algún tipo de aguja hipodérmica o quemaduras, que pueden ser evidencia de que se estuvo sometido a experimentaciones.
- Tener marcas o magulladuras, sin causa aparente, de origen desconocido, especialmente en forma de triángulo, de diferentes medidas; tener grandes moretones o rasguños de garras. Las marcas pueden ocurrir durante la noche, en la boca, nariz, nuca, genitales u otras partes.
- Tener molestias en la espalda, de vértebras, de cuello. Despertar con rigidez o una sensación extraña en cualquier zona del cuerpo.
- Cansancio excesivo, que puede resultar por oponerse a ser secuestrado, por evitar los experimentos y exámenes biológicos o por el estrés propio que resulta de estar en un lugar en contra de la voluntad. En muchos casos se ha visto que las mujeres abducidas han desarrollado desórdenes de autodefensa como fibromialgia o síndrome de fatiga crónica.
- Sangrado de nariz, que podría ser el resultado de haberle sido implantado un sensor o microchip para monitorear pensamientos y actividades.

- Aparición de sangre en la ropa de cama sin motivo.
- Sentir dolores repentinos en la cabeza, especialmente detrás de un ojo o en el oído.
- Tener problemas oculares sin causa.
- Tener sinusitis crónica o molestias nasales.
- Amanecer adolorido en la zona de los genitales sin razón. En el caso de mujeres abducidas, a veces presentan complicaciones uterinas. También suelen sufrir serios problemas ginecológicos que pueden resultar en tumores, quistes, cáncer mamario y del útero, o tener que ser sometidas a una histerectomía.
- Tener problemas de autoestima. Los individuos secuestrados son sometidos a infames experimentos y durante toda su vida sufren secuelas psicológicas y físicas.
- Tener un recuerdo consistente de la cara de un extraterrestre, o de un chequeo médico, de una jeringa, o una mesa de cirugía, o de un bebé extraño y esquelético.
- Alterarse emocionalmente al ver imágenes de grises, reptiles o cualquier otra raza extraterrestre.
- En el caso de las mujeres, haber tenido síntomas semejantes a los del embarazo durante tres meses y luego ver la desaparición de los mismos sin motivo. Sobre esto hay mucha literatura, donde algunas mujeres reportan haber tenido todos los signos de un embarazo y luego, de manera inesperada, notan la desaparición de los indicios al tercer mes. De acuerdo con esto, las mujeres gestan al infante durante tres meses y luego, en una abducción, el feto es sustraído y puesto dentro de un recipiente con un líquido extraño. Este es un tema tratado por varios especia-

listas, pero de manera bastante descriptiva por Raymond E. Fowler en los libros escritos sobre el caso de Betty Luca que, como hemos visto, incluyen detalladas viñetas realizadas por ella.

- Recordar, sin saber por qué, que se ha interactuado con bebés extraños o con seres "diferentes".
- Tener recuerdos de haber sido víctima de implantes, inyecciones o inserción de agujas.
- Miedo inusual a los médicos o tendencia a evitar tratamientos.
- Padecer insomnio o no dormir bien, como si se permaneciera en un estado de alerta, porque tiene la sensación de que será víctima de un rapto o sustracción de esencia de vida. Temor a que le drenen la energía.
- Despertar sin recordar que se fue a dormir o despertar en un sitio diferente al lugar donde se durmió; o amanecer en una posición invertida, por ejemplo, con los pies en la cabecera.
- No poder dormir si la cama no tiene el respaldo de una pared.
- Sentirse observado todo el tiempo, especialmente por la noche.
- Algunos objetos personales inexplicablemente aparecen en un lugar diferente a donde se dejaron. Generalmente, los extraterrestres despojan a la víctima de lo que consideran puede contaminar su laboratorio, como anillos, relojes o ropa, que aparece en los lugares menos esperados.
- Recuerdos vagos de haber vivido experiencias desagradables. Sensaciones consistentes.
- Dificultad para confiar en los demás, especialmente en las figuras de autoridad.

- Interés en la ecología, en la preservación del medio ambiente, el vegetarianismo y todo lo natural.
- Tener complicaciones renales o haber padecido piedras renales. Aparición repentina de infecciones del tracto urinario.
- Problemas sexuales o de relación de pareja, como una sensación de que no se debe involucrar sentimentalmente porque podría intervenir en una misión que está destinado a cumplir.
- Ver un ente encapuchado cerca de la cama. Los secuestrados suelen encontrarse con diferentes razas de extraterrestres, no sólo con grises, sino con una mezcla de estos y otros; también se encuentran con reptiles, insectoides, rubios o algunos con capa negra y un pronunciado "pico de viuda" en la frente, como Drácula. A veces han visto a todos reunidos en un mismo lugar o nave.
- Tener afectación en aparatos electrónicos, como radios u otros mecanismos, que se encienden solos o dejan de funcionar; luces que se apagan al pasar debajo de ellas o cualquier otro fenómeno relacionado con la corriente eléctrica.
- Recordar un lugar con un significado especial que se frecuentaba durante la infancia, un espacio para refugio interno.
- Sentir el impulso de ir a un lugar desconocido, ya sea manejando o a pie.
- Sensación de que se está loco por sólo pensar en estos temas. Sentir que no se debe hablar de estas cosas por temor a un castigo.
- Fijación extraña con el tema de los ovnis y los extraterrestres, ya sea como una profunda aversión y sin

querer hablar de ello, o como un interés en saber y leer todo al respecto.

- Comportamiento compulsivo. Aunque no sucede en todos los casos, un gran número de secuestrados, después de sus encuentros sufren enfermedades serias que no tenían. A veces requieren cirugía o mueren después de un excesivo debilitamiento sin que se pueda diagnosticar la causa. Muchos se alteran mental y espiritualmente, desarrollan obsesiones extrañas, descomponen su vida normal y sus relaciones personales. A veces empiezan a consumir drogas, se vuelven alcohólicos, comen demasiado o se vuelven promiscuos.

Reflexiones y hechos

Analizando objetivamente los síntomas anteriores, ciertos aspectos son semejantes a los que la gente reporta al sufrir una posesión demoníaca, aunque sobre esto se podrán encontrar más detalles en el próximo libro que publicaré. Algunos investigadores creen que el fenómeno en ambos casos es el mismo, sólo que ahora se analiza desde una mirada más científica. Los tormentos que reportan muchos abducidos parecen referirse a las agresiones demoníacas reportadas en el libro *Rehén del Diablo*, de Malachi Martin, sobre el que se abundará también en mi próxima publicación. Parece como si estas entidades se introdujeran en la mente del secuestrado para encontrar su terror más profundo y castigarlo con él, pues cada caso está acompañado por aquello a lo que la víctima más teme. En el caso de un visualizador a distancia, presenció una abducción, y mientras se llevaba a cabo, pudo ver cómo los extraterrestres absorbían

el terror que generaban en su víctima, como si se alimentaran de su energía. Actúan igual que los "dioses" tribales que humillan, odian e infligen dolor y temor mientras reclaman sacrificios humanos a cambio de favores. Es probable que las mutilaciones de animales que se reportan, también sean para que el animal, afligido por el dolor y el horror, suelte la energía que tanto parecen necesitar. Muchos investigadores confiables han encontrado una conexión entre el fenómeno ovni y la magia negra. Según John A. Keel, en *Our Haunted Planet*, en el pasado, los de la raza reptil se disfrazaron de dioses y exigieron sacrificios humanos. Fueron quienes constituyeron religiones paganas en diferentes partes del mundo, convenciendo de tal forma a sus seguidores, que voluntariamente se dejaban poseer por ellos. Esta práctica persiste en la actualidad, donde incautos se ofrecen para ser poseídos por "fuerzas superiores" a cambio de poderes sobrenaturales. Existe una guerra espiritual, la lucha es por nuestra alma y el campo de batalla es la Tierra. Los seres humanos están en medio de un "fuego cruzado" donde dos grupos luchan: San Miguel combate para que conservemos nuestra conciencia eterna unida a nuestro espíritu inmortal, y las fuerzas del mal lo hacen para sustraer nuestra conciencia y privarnos de la oportunidad de vivir eternamente en nuestro hogar celestial. Vivimos momentos cruciales, donde es urgente que nos definamos y conscientemente hagamos un compromiso con Dios.

El comportamiento de los secuestrados a veces es extraño, puede variar entre llantos, carcajadas o danzar frenéticamente. Algunos abducidos se automutilan, lo que también se considera síntoma de adherencia o posesión.

Todas las compulsiones que se relacionan con la autolesión, sin importar el motivo que las causó, están relacio-

nadas con la actividad de un ente extraño en el entorno de la persona.

Los extraterrestres "malos" no son Ángeles de Dios ni "dioses"; sus características más bien coinciden con lo que antiguamente se clasificaba como demonios.

Whitley Strieber, en el *Mufon Journal* de septiembre de 1993, dijo que la experiencia de su abducción le había convencido de que sus secuestradores no eran diferentes a los demonios. Hoy, después de algún tiempo, su percepción ha variado y cree que algunos extraterrestres son bondadosos, aunque sigue sin conocer sus intenciones.

Características y acciones de los extraterrestres

La doctora Karla Turner, investigadora de más de 400 casos de abducción y de quien hablaremos extensamente en relación con el caso de Ted Rice en el Capítulo 4; en su libro, *Into the Fringe* (*En el margen*), aclara que existen demasiadas evidencias para no creer las historias de abducciones.

Además de los testimonios, otros estudiosos del tema, cuyos libros pueden encontrarse en la bibliografía, hacen notar situaciones constantes en los secuestros.

No son datos provenientes de pocas "mentes enfermizas", son reportes de testigos separados en el tiempo y en zonas geográficas diferentes, que evidencian que las abducciones no siguen un patrón único, sino que varían en cada caso.

A la luz de este conglomerado de experiencias es difícil simplificar el fenómeno aduciendo que todas las abduc-

ciones son para experimentos genéticos cuyo fin es mejorar la raza.

Muchos testimonios apuntan hacia la teoría de que la humanidad está siendo manipulada por entidades extraterrestres para propósitos de alimentación y control. Para esto tienen al mundo aterrado, porque el miedo y la angustia acumulan energía negativa que requieren para nutrirse; es su combustible y sustento, porque su estructura metabólica es diferente de la nuestra (esto parece ser también el objetivo de la mutilación de algunos animales). En ocasiones los extraterrestres abducen a individuos, a quienes asesinan cruel, despiadada y lentamente, para recoger el flujo de energía que genera la tortura y el terror. Según Jim Sparks (autor de *The Keepers*), el humano vive como el ganado, sin conocer su destino, ni para qué se le cuida, conserva y atiende.

Sparks dice que los extraterrestres están pendientes de la humanidad porque la consideran una inversión, así como el granjero está pendiente de la pastura para que ésta no se contamine, vigilan que todo marche en orden con los proveedores de la energía que necesitan para sobrevivir.

Sparks agrega que para ellos, los humanos son partes de repuesto, y es por lo que están produciendo híbridos, para repoblar el planeta, porque los híbridos no tendrían necesidad de alimentarse ni de tener contacto humano, no envejecerían, ni hablarían, ni sentirían, ni comerían.

En otra parte de su libro, Sparks expresa su creencia de que los grises sin emoción de hoy son los seres humanos que han viajado a este tiempo desde el futuro.

A continuación aparecen varios componentes que pueden presentarse dentro del fenómeno ovni, lo que refrenda que no es tan simple como a veces se cree, e involucra muchas situaciones misteriosas:

- Algunas manifestaciones son similares a las psíquicas, paranormales y espiritistas; el comportamiento ovni es más parecido a la magia que a la física como la conocemos hoy.

- Al estudiar los diferentes cultos a los extraterrestres, se encuentran señales claras que indican que forman parte de un mundo oculto de mayor envergadura.

- Aunque aparentemente el ovni es un objeto real, tridimensional, puede ser una ilusión holográfica o una transformación "mágica" de materia y energía.

- Probablemente algunos extraterrestres pueden darle forma a la materia, pueden aparecer y desaparecer de nuestra vista. Las entidades no humanas operan en un plano que no podemos percibir. Cuando entran y salen de nuestra diminuta frecuencia, el humano percibe que han aparecido y desaparecido, pero realmente lo que hacen es sólo entrar y salir de nuestro campo vibratorio. Cuando desaparecen, acceden a otro rango de frecuencia que nuestros ojos físicos no logran ver.

- El fenómeno parece ser más psíquico que extraterrestre, por lo que es probable que no vengan de otro planeta sino de un mundo paralelo. En física cuántica se reconocen por lo menos diez dimensiones, y ellos pueden ser de otra dimensión y no de un planeta de nuestra dimensión, por lo que serían seres interdimensionales, apareciendo y desapareciendo ante nuestra vista, saltando de su dimensión a la nuestra y viceversa. Pueden cambiar su forma durante el viaje porque no son totalmente corpóreos. No cruzan el cosmos, sólo entran a nuestro Universo. Un símil es cuando vemos televisión y por medio del control

remoto cambiamos de canal. Como dato adicional: los demonios también son seres interdimensionales o multidimensionales.

- En cuanto a sus profecías, no se puede afirmar que se haya cumplido alguna, pero siguen alarmando con sus predicciones catastróficas. Generalmente manifiestan doblez, no respetan ni a sus elegidos cuando, exigiéndoles que hagan grandes convocatorias porque se presentarán públicamente, sin el menor remordimiento los dejan plantados, expuestos al escarnio y a la burla.

- Dicen que ellos nos crearon y que cada vez que regresan es para hacer correcciones genéticas, pero los exámenes médicos que practican, a veces acompañados de sádica manipulación sexual, hacen recordar las leyendas medievales de encuentros con demonios.

Carece de sentido la explicación de por qué someten a las víctimas al sufrimiento, porque cualquiera con la tecnología tan avanzada que despliegan, podría lograr sus objetivos sin inflingir dolor, y en poco tiempo, por lo que es probable que disfruten torturando a los secuestrados.

Quizá, el dolor que infligen emite el mismo plasma que resulta de los rituales satánicos que promueven entre sus adeptos con el fin de absorber la energía de terror generada por las inmolaciones.

Rituales satánicos

Sobre este tema, en *The Biggest Secret*, David Icke explica:

> Los rituales satánicos, por lo general, se llevan a cabo en la noche, porque es cuando el campo magnético es más estable.
>
> Durante el día las partículas cargadas de electricidad del viento solar causan turbulencia y hacen que la conexión interdimensional se dificulte. Es aún más estable durante eclipses totales y aquí es cuando los nativos celebran sus ceremonias más importantes para contactar y para que se manifiesten entidades de otras dimensiones[…] Los rituales satánicos y los sacrificios humanos, especialmente de niños, son realizados a gran escala e involucran a algunos de los más famosos políticos, empresarios, dueños de los medios de comunicación y celebridades del planeta[…] Aparentemente, de acuerdo con ex satanistas que he conocido y por lo que he leído, algunos políticos del mundo son adictos a la sangre extraída de la víctima en el momento del sacrificio por la adrenalina producida en ese instante. Me han dicho que esta adicción es muy común entre satanistas, y cuando les pregunto a los investigadores sobre los reptiles, sugieren que ésta es la sustancia que desean[…] El satanista más famoso del mundo, Aleister Crowley, en su libro de 1929, *Magia en teoría y práctica*, explica las razones para el ritual de la muerte y por qué los niños pequeños son las mejores víctimas: "Era la teoría de los magos antiguos que cualquier ser viviente es un depósito de energía que varía en cantidad de acuerdo con el tamaño y salud del animal, y en

calidad de acuerdo con su carácter mental y moral. A la muerte de este animal esta energía es de repente liberada. Para el trabajo espiritual más alto uno debe en conformidad escoger a la víctima que tenga la fuerza más grande y pura. Un niño varón de inocencia perfecta y gran inteligencia es la víctima más satisfactoria y adecuada."

David Icke es de la opinión que los descendientes de la raza extraterrestre de reptiles gobiernan el mundo tras bastidores, y para mantener su apariencia física necesitan la energía que produce el sacrificio humano.

El propósito de los rituales satánicos es producir dolor mientras se derrama sangre. Las entidades densas la exigen porque la necesitan para ocultar su naturaleza y poder aparentar una forma sólida, tridimensional. Aparentemente, para el mismo fin, utilizan secreciones glandulares que extraen durante los exámenes físicos por medio de procesos ginecológicos y de remoción de esperma. Sin embargo, gran cantidad de muestras de tejidos son para la clonación.

Los extraterrestres "malos" tienen una voracidad insaciable por las enzimas biológicas y por las secreciones glandulares y hormonales sanguíneas. Con la sangre y orina producen una sustancia babosa que obtienen mezclando estos fluidos con peróxido para eliminar las bacterias y obtener la proteína líquida que los nutre. Se impregnan o se sumergen en dicha sustancia y luego secretan los residuos a través de la piel, por esto expelen el repulsivo hedor que los delata, ya sea que se manifiesten de manera visible o invisible.

Este es otro punto que los equipara con los demonios de antaño, mismos que, igual que los extraterrestres, apes-

tan el espacio donde se manifiestan, también se alimentan de la energía vital o esencia del alma humana, pueden viajar en el tiempo y, a semejanza de los extraterrestres, una misma entidad que en el pasado remoto hizo tratos con una persona, puede acechar a sus descendientes.

Los extraterrestres "malos", igual que los demonios, tiemblan cuando se les ordena alejarse en "nombre de Nuestro Señor Jesucristo". Muchos terapeutas mencionados en este libro afirman que invocar a Jesús y a Dios en el momento del secuestro es la mejor defensa.

También investigadores ajenos a las creencias religiosas comparten dicha idea, como es el caso de Wes Clarke y Joe Jordan, dos estudiosos del tema, radicados en Florida, que trabajan en el programa *Mufon* (*siglas de Mutual UFO Network*, organización norteamericana decana en la investigación de objetos voladores no identificados), y han reportado innumerables casos en donde los atentados de abducción se frustraron al invocar a Jesús y a Dios.

Este es otro indicativo de que las abducciones son similares a lo que antes se conocía como "ataques demoníacos". Los extraterrestres rara vez reconocen la existencia de Dios. De hecho, algunas veces han tratado de aparentar ser dioses.

En una de sus abducciones, el autor Jim Sparks recuerda que, mientras dormitaba, se le apareció una esfera fluorescente, señal de que pronto tendría la visión de una lechuza, que se presentaba justo antes de ser raptado.

Como en aquella oportunidad se resistió al secuestro, escuchó una voz que dijo: "Esto no le agrada a Dios." Sparks se alteró y les dijo que no se atrevieran a quererle hacer creer que ellos tenían algo que ver con Dios y fue la última vez que "la voz" se presentó como tal.

A modo de reflexión, Sparks se pregunta si no habrán sido engañados muchos profetas del pasado a través de voces similares.

Sacrificio de animales

Originalmente, en la década de 1960, cuando comenzó el fenómeno de los animales mutilados, se pensó que se trataba de rituales satánicos semejantes a los que, según rumores, realizan las brujas en California que acostumbran matar perros y beber su sangre, porque los animales mutilados aparecían con mayor frecuencia durante la fase de luna llena y coincidían con profanaciones en iglesias, graffiti alusivo al satanismo y altares satánicos en áreas cercanas, algunas dedicadas a la antigua diosa pagana Isis, que según la leyenda, exigía sacrificios de ganado.

La teoría de que se trataba de rituales demoníacos era la creencia popular durante ese tiempo, y esta hipótesis fue la que avalaron las autoridades policíacas, profesores universitarios y psicólogos.

También en esa época, Dan Dugan, prisionero de la cárcel de Minnesota, declaró haber pertenecido a un culto conocido como "los hijos de Satanás", que operaba en el área de Fort Worth, Texas, donde regularmente realizaban ritos usando partes de perros, gatos y conejos, a los que desangraban y extirpaban sus genitales.

En cuanto al ganado, que también usaban en sus ritos, les disparaban tranquilizantes desde cierta distancia luego, para no dejar huellas, se acercaban extendiendo grandes láminas de cartón sobre el camino que los conducía hasta el animal; le aceleraban las funciones corporales poniéndole nitrato de amilo cerca de la nariz y procedían a desangrar-

los con jeringas de uso veterinario; posteriormente les removían los órganos sexuales.

Explicó que si había nieve en el suelo, los miembros del culto usaban sopletes para derretir la zona donde colocaban el cartón, y así retrocedían recogiendo las láminas.

Un profesor de la Universidad de Pensilvania confirmó mucho de lo expuesto por Dugan, porque algunos de los miembros de "los hijos de Satanás" eran alumnos suyos y llegó a ver que varios se cortaban los dedos y partes de las orejas para ingerirlas porque practicaban la automutilación y el canibalismo.

De acuerdo con esta versión, el líder del culto, racista convencido de la superioridad de la raza blanca, era financiado por gente poderosa y adinerada, y por miembros de los cárteles de la droga, quienes le proporcionaban los recursos económicos para mantener una flotilla de helicópteros negros para supervisar las zonas involucradas.

Sus proyectos no contemplaban sólo el sacrificio de animales, sino exterminar a las razas humanas "inferiores", abducir, mutilar y asesinar a políticos liberales y afroamericanos prominentes de su país.

La semejanza entre las mutilaciones y algunos rituales descritos en la biblia satánica de Antón LaVey, fundador del Templo de Satanás, condujo a varios investigadores a sospechar que se trataba de algo más que pura coincidencia, por lo que algunos miembros del gobierno preguntaron a LaVey si creía que el satanismo estaba involucrado en las mutilaciones. Éste lo negó y su biógrafo, Burton H. Wolfe, declaró como falsas las conjeturas que relacionaban a las sectas satánicas con la mutilación animal.

La línea de investigación del satanismo, en el caso de las mutilaciones, llegó abruptamente a su fin, supuestamen-

te debido a la influencia de poderosos miembros que lograron que se cerraran las investigaciones. Lo que se sabe, sin embargo, es que el culto satánico cada día crece más, tanto en Estados Unidos como en el resto del mundo.

En cuanto a las mutilaciones, como se hicieron notorias durante el tiempo del conflicto en Vietnam, también existe la versión de que se trataba de experimentos secretos relacionados con armas biológicas, diseñadas para afectar, de manera particular, a la raza oriental. Sin embargo, a pesar de todas las conjeturas, en 1974 el doctor J. Allen Hynek, director del Departamento de Astronomía de la Universidad Northwestern, y también director del Centro de Estudios Ufológicos (*Center for UFO Studies*), encontró razones para relacionar las mutilaciones con los ovnis.

Ovnis y mutilaciones

El satanismo y los ovnis parecen estar vinculados desde épocas pretéritas, y el estudio de uno, de manera automática, conduce al otro. Tal parece que los extraterrestres son quienes incitan a la práctica de ritos y difunden nuevas técnicas de brujería, así como rituales enmascarados como ceremonias inofensivas para atrapar duendes, hadas y "ángeles".

Los cuerpos de los animales encontrados presentaban pequeños agujeros de dos pulgadas de diámetro (semejante a los atribuidos a las mordeduras de vampiros) cerca de sus cuartos traseros o en el cuello; también, a veces, la piel de la zona de la mandíbula y de los labios aparecía seccionada, sin una gota de sangre derramada; de la misma manera, el sistema digestivo y los órganos reproductores parecían ha-

ber sido separados con la precisión propia de un cirujano y con una tecnología desconocida para el ciudadano común.

La presencia de helicópteros negros sin marcas, en los lugares de las mutilaciones, sugería que alguna organización poderosa realizaba experimentos que requerían de una gran cantidad de sangre.

Según versión de Jim Keith, en su libro *Mind Control and UFOs: Casebook on Alternative 3*, uno de los primeros informes oficiales, en 1960, se refiere a dos condados en Colorado que reportaron 169 mutilaciones de ganado. Para 2005 se informó oficialmente de más de 70 mil, entre reses, caballos y otros animales domésticos y salvajes en Estados Unidos, así como en Canadá, Inglaterra, Brasil y otros países.

Lo curioso es que no ha habido una sola detención, ni un presunto culpable, tampoco se ha sorprendido en el acto a ninguno de los perpetradores, lo que vuelve sospechoso el tema y conduce a Keith a la reflexión, de que si se hubieran robado 70 mil automóviles o televisiones, habría arrestos y gente en la cárcel purgando el crimen.

También comenta que si se tratara de rituales satánicos, es seguro que se habría sorprendido por lo menos a un sospechoso en el acto, por lo que cree que el meollo de este asunto podría ser la colecta de sangre que se sustrae de los animales para experimentos relacionados con seres humanos, ya que la sangre bovina y la humana son parecidas.

Otro dato interesante es que algunos animales mutilados han aparecido marcados con pintura fluorescente, lo que sugiere que se señalaron previamente para identificarlos en la oscuridad.

Los estudiosos del tema explican que quienes tienen pactos satánicos, así como ciertos miembros de sociedades secretas y personal gubernamental que trabaja con extraterrestres, son indiferentes al dolor humano capaces de cometer actos criminales; se vuelven esclavos que cumplen mandatos y realizan rituales, a veces abiertamente, como sucede con algunos grupos de rock pesado que en escena hacen ritos mientras la turba de fanáticos grita extasiada y enloquecida. Otros cantantes lo hacen de manera solapada, a veces con escenografía satánica y con canciones que contienen mensajes subliminales de veneración al diablo.

La desaparición de ganado y mutilaciones han sido reportadas desde hace milenios. Antes se atribuían a los duendes; hoy, aparentemente, involucran a grises. El grabado refleja la creencia popular de que extraños seres están detrás de las mutilaciones.

Tormentos y daños

Algunos datos sobre el comportamiento de los extraterrestres:

- Secuestran a las víctimas en contra de su voluntad.
- Les encanta predecir catástrofes y aún cuando no se cumplen, debemos agradecer su intervención porque afirman que las detuvieron. Según ellos, han propiciado el bien, el desarrollo y los logros humanos en el planeta. Lo negativo es producto de la humanidad.
- Advierten que si la humanidad quiere sobrevivir, debe unirse a un sistema global de gobierno y religión diseñado por ellos. En algunos casos, los mensajes se refieren a que los no evolucionados serán transportados a un planeta inferior y los iluminados ascenderán a un mundo superior; en otros mensajes sugieren que los "malos" quedarán varados aquí o desaparecerán de la faz del planeta cuando éste ascienda a otro espacio con una vibración más elevada. De igual forma, predicen un inminente periodo de caos y destrucción. Sostienen que cierto número de humanos serán rescatados del planeta para preservar la especie, ya sea en otro planeta o en la Tierra tras la destrucción. Algunos abducidos reportan no creer esta versión y piensan que hay un plan más siniestro para quienes sean "rescatados".
- Prometen que cuando venga la transición, ellos crearán armonía, eliminarán los crímenes, restaurarán el equilibrio ecológico y acabarán con la pobreza y la enfermedad; instaurarán un sistema gubernamental evolucionado; darán a conocer la verdadera religión

cósmica; seremos uno con el Universo y nos harán parte de la Federación Galáctica, para lo cual tienen a algunos gobernantes haciendo preparativos para instaurar el Nuevo Orden Mundial.

- En ciertos mensajes hacen alusión a que la democracia es obsoleta y deben acabarse las elecciones. Afirman, además que se acabará la discriminación; sin embargo fomentan ideas racistas, al mostrar predilección por quienes tienen más ADN extraterrestre.
- Hablan sobre el Nuevo Orden Mundial que se implementará con su ayuda. El doctor David Jacobs, cuya información está basada en el trabajo miles de víctimas de abducción de diferentes países, concluye que después del cambio planetario no habrá necesidad de gobiernos nacionales porque los insectoides tendrán el control.

Jacobs cree que el fenómeno de la abducción es parte de un plan mayor que abarca la creación de híbridos (mezcla de extraterrestres y humanos) con habilidades paranormales, los que se infiltrarán en el mundo y cambiarán las sociedades drásticamente.

También se puede encontrar mucha literatura que presenta a la mayoría de las abducciones como actividades propias de algunos integrantes de los gobiernos de algunos países desarrollados, trabajando conjuntamente con extraterrestres.

- Según esta interpretación, experimentan con los individuos secuestrados, y como a los animales salvajes o mascotas, les colocan transmisores para monitorearlos; a las víctimas les insertan microchips para mantenerlas bajo control durante su vida. No lo hacen al azar, aparentemente seleccionan a la víctima por su

código genético, por esto, normalmente también los padres, abuelos y casi toda la ascendencia de una víctima lleva implantes y sufren o sufrieron abducciones, porque sistemáticamente abducen generaciones de una misma familia en diferentes perodos de su vida.

Además del monitoreo, se piensa que las abducciones tienen un propósito más funesto, que trasciende los exámenes médicos, la hibridación genética de extraterrestres y humanos en un programa supuestamente diseñado para mejorar la especie humana y para asegurar su supervivencia.

- Algunos abducidos reportan ser conducidos por donde han visto grotescas criaturas híbridas, guarderías de fetos humanoides y recipientes llenos de un líquido con partes humanas que flotan dentro.

- Otros han reportado haber visto clones humanos, totalmente desnudos e inertes, que se sospecha fueron producidos a partir del material sustraído de los abducidos. Se cree que conservan a muchas víctimas en una especie de granja para su consumo.

- Parece que además usan el ADN del ganado para formar humanoides que a veces tienen la apariencia animal. Una secuestrada reportó haber sido testigo de lo que parecía un experimento genético. Pudo ver a otra mujer abducida, a quien los extraterrestres tenían dormida sobre una mesa, mientras aparentemente un gris le retiraba del vientre lo que cree era un óvulo, que luego depositó en una vaca que estaba inconsciente en otra mesa. Es probable que algunos híbridos sean cruces entre humanos y ganado.

Karla Turner padeció el fenómeno de abducción con toda su familia. En 1996 falleció a los 48 años, después de un cán-

cer que adquirió de forma misteriosa, aparentemente como consecuencia de uno de los secuestros perpetrados por los extraterrestres.

- Muchos secuestrados reportan haber sido víctimas de burla, mofa, desprecio y amenazas por parte de sus secuestradores. Los someten a pruebas genitales y anales; a algunos les han inyectado fluidos extraños; otros reportan haber visto seres humanos siendo mutilados, desangrados, desollados, desmembrados y amontonados como troncos; a algunos secuestrados les han advertido que ése sería su destino en caso de no cooperar con los captores.

- Realizan experimentos excesivamente dolorosos, alegando que son procedimientos necesarios, pero se contradicen en las razones que sustentan el suplicio que infligen.

- Sustraen fluidos de la nuca, espina, venas, coyunturas en rodillas, muñecas y otras partes del cuerpo; realizan pruebas genitales y anales tanto en niños como en adultos; se muestran muy interesados en la sexualidad adulta, en la infantil y también en infligir dolor intenso a los abducidos, como si estuvieran midiendo su umbral de dolor.

- Sus víctimas tienen que soportar humillaciones y episodios de abuso sexual, lo que incluye obligarlas a tener relaciones sexuales con ellos o con otros abducidos; las acosan a lo largo de su vida, las engañan, les dicen que las someten a sufrimientos para eliminar el miedo, pero que una vez pasado el trauma, podrán comunicarse con guías espirituales y con "ángeles".

- Prometen apariciones en masa y no cumplen; no les importa que sus "contactados" sean ridiculizados, per-

seguidos o atacados. Algunos abducidos viven atormentados, con pesadillas y aterrados, porque no saben cuándo será la próxima abducción. Un tema recurrente en el escenario de las abducciones es el de los detallados mensajes que los secuestradores transmiten a veces sobre pantallas instaladas en sus naves. Son mensajes sobre catástrofes cercanas o implican que son nuestros creadores y que quieren adelantar nuestra evolución por medio de experimentos de procreación.

- Por sus acciones se comprende que sus intenciones no son positivas, porque envuelven en el misterio todo lo que hacen a medida que van hacia sus objetivos. Cuando comenzaron a manifestarse en la era moderna, alrededor de 1950, a pesar de que hipnotizaban a sus víctimas para que no recordaran la experiencia, también las amenazaban por si recordaban algo e intentaban revelarlo.

- Existen reportes de cómo, de manera deliberada, han destruido fetos en presencia de abducidos. En una ocasión, los abductores le dijeron a su víctima que no tenía por qué sentirse mal pues se trataba de material que aprovecharían para otra cosa o para fabricar trabajadores grises. También le informaron que estaban preparando "trabajadores" para el tiempo de destrucción que se avecinaba, ya que necesitan obreros libres de emociones. Un caso muy sonado fue el de Eugenio Siragusa, italiano (maestro del estigmatizado Giorgio Bongiovanni), que tuvo varios contactos con seres que aseguraban provenir de una quinta dimensión y le transmitieron información sobre el origen de la humanidad y la forma en que han intervenido a lo largo de la historia en el desarrollo humano por medio de la hibridación y otros experimentos genéticos.

- Se han reportado casos de implantación de fetos en hombres, uno en el abdomen y otro en el recto. También existen registros de este tipo de inseminación en niños. En estos casos, los implantes fueron retirados tal como lo hacen con las mujeres.

- Obligadas por sus captores, algunas abducidas han tenido que cargar a los bebés híbridos que supuestamente son sus hijos, pero en la mayoría de los casos, reportan que no hubo conexión maternal, no sintieron la emoción de madre que debiera acompañarlas en ese momento.

- En ocasiones toman muestras de un niño y fabrican otro, luego secuestran al original para comprobar cuál de los dos es mejor para usar como receptáculo. Pueden invadir los hogares, dejando a los padres paralizados, sin que puedan intervenir. En los casos donde los progenitores han intentado oponerse, los extraterrestres insisten en que los niños son suyos.

Al parecer están preparando precipitadamente cuerpos como recipientes. Personas que analizan los acontecimientos dicen que parecen estar enloquecidos y desesperados porque el tiempo se les acorta, por lo que también necesitan convencer a más gente para que los acepte cuando necesiten presentarse tal como son. Esto explicaría la gran difusión de los juguetes y programas televisivos donde se promueve la imagen de entes con figuras demoníacas.

- Algunos dicen a sus víctimas que están preocupados por el uso de la energía atómica y otras sustancias peligrosas que dañan la ecología, porque siendo de nuestro futuro y como el tiempo no es lineal como creemos, sino intermitente, todo lo que sucede puede dañar su pasado, que es nuestro presente.

- Conocen perfectamente el organismo humano y dicen saber lo que sucederá en el futuro, usan procedimientos quirúrgicos para sus experimentos, técnicas de control mental, terrorismo, adoctrinan a sus secuestrados y promueven su imagen como de seres sólo interesados en nuestro bienestar.

- La víctima no queda libre tras la primera abducción porque los experimentos son a largo plazo, para lo cual emplean programaciones mentales y psicológicas. Intervienen en las relaciones sociales y personales de las víctimas, en su sexualidad, ideas políticas, intereses religiosos y espirituales. Esto sucede desde la infancia.

- Muchos investigadores que consideraban la posibilidad de que se tratara de entes benignos, "hermanos espaciales" que traían luz a la humanidad, reconocen que su conducta es demasiado perversa y agresiva para clasificarlos de esa manera.

- Aparentemente, tanto los "malos" como los "buenos", les mienten a sus víctimas, las torturan, aterrorizan, extraen su energía vital a través del chakra sexual, les ponen implantes, les lavan el cerebro, las abandonan en cualquier lugar, y las monitorean para conocer sus actividades y para vigilar cómo reaccionan a sus experimentos. La única diferencia es que parece que algunos "benevolentes" regresan a sus víctimas al lugar del secuestro.

- Hay reportes de curaciones hechas por extraterrestres, como en el libro *True Accounts of People Healed by Extraterrestrials*, en el que su autor, Preston Denté, dice conocer por lo menos 100 casos de curaciones realizadas por extraterrestres, pero añade que contra-

riamente al concepto de los "benevolentes hermanos espaciales" que están para ayudarnos, los abducidos han percibido que su "ayuda" se trata más bien de una especie de "mantenimiento de equipo", que forma parte de su programa con fines egoístas.

- Se presentan de forma solapada para que se dude del estado mental de la víctima en caso de que hable de su experiencia. Saben cómo mantenerse invisibles o indetectables; pueden atravesar muros, comunicarse por medios telepáticos, controlar mental y físicamente, y por medios paranormales hacer que objetos y personas floten y atraviesen objetos sólidos.

- Algunos violan sexualmente a los abducidos o los obligan a tener sexo con otros secuestrados o con miembros de su propia familia, mientras observan detenidamente. A veces se disfrazan para lograr que los abducidos acepten relacionarse con ellos. Se han aparecido como Jesús, el Papa, o cónyuges fallecidos.

Extraterrestres negativos, ¿demonios de la antigüedad?

La similitud entre los tormentos y daños que sufre la mayoría de las víctimas de abducciones hace suponer a varios investigadores que algunos extraterrestres pueden ser los demonios de la antigüedad disfrazados de acuerdo con nuestra tecnología actual. Tanto unos como otros tienen la capacidad de atormentar a sus víctimas de muchas maneras:

- Pueden comunicarse telepáticamente con ellas, pueden paralizarlas, mantenerlas hipnotizadas en estado catatónico o congeladas en el tiempo; hacer que

revivan momentos donde experimentaron horrores indescriptibles, atormentarlas con sonidos molestos, voces aterradoras, engaños y manipulaciones.

- Pueden convencerlas de cometer actos perversos y criminales como violaciones, crímenes o actos en contra de su voluntad y hacerles creer que necesitan suicidarse para lograr la ascensión. Uno de los casos más conocidos de este tipo es el de Bo y Peep del Heaven´s Gate, grupo que se suicidó masivamente con la promesa de que serían rescatados por un platillo al paso de un cometa. Personas que han estudiado el caso reportan que el grupo estaba conformado por individuos inteligentes y con poderes psíquicos desarrollados. Otro ejemplo es el del Templo Solar, cuyo líder, Luc Jouret, aseguró que los extraterrestres le convencieron de que la única forma de viajar a su planeta era glorificándose por medio del fuego.

Tanto los extraterrestres como los demonios de la antigüedad pueden realizar prodigios, como levitar, paralizar, leer la mente y transmitir mensajes telepáticos; tienen conocimientos ocultos, pueden hacer curaciones, producir heridas, atormentar y aparecer como luces en el cielo.

- También pueden trasladar a sus víctimas físicamente de un lugar a otro. Incluso las convencen de que es por su propio bien dejar un entorno armonioso y abandonar a su familia. Pueden disfrazar la voz para que la víctima la escuche como si fuera la de algún familiar fallecido. Seducen pretendiendo hacer el bien, confunden, engañan y sobajan al individuo en su proceso mental y espiritual.

- Pueden entrar al campo electromagnético de las personas cuando su vibración está baja y desde allí controlarlas para luego, aprovechándose de su vanidad, engañarlas y hacerles creer que son especiales, "elegidas" para formar grupos o cofradías. Les dictan reglas y manuales que deben cumplir, tanto ellos como los adeptos que se ven obligados a reclutar.

- Las abducciones por extraterrestres y los ataques demoníacos producen el mismo horror. Se siente la presencia de una entidad que emite vibraciones antivida, de muerte. En la noche, mientras duermen, las víctimas acechadas reportan sentir un terror que las paraliza y un indescriptible miedo que cala los huesos. Las sensaciones de terror son iguales en ambos casos y, en ocasiones, se percibe el mismo hedor.

- Pueden controlar lo que pensamos y vemos, estar junto a alguien de manera invisible y hacerse visibles a voluntad.

- Parece existir conexión entre los ovnis y las actividades sísmicas, volcánicas y geológicas. Hay quienes aseguran que las naves surgen de la actividad volcánica, lo que se interpreta como si las fuerzas oscuras salieran del infierno.

- Los abducidos nunca vuelven a sentir la tranquilidad que disfrutaban previo al encuentro. Sucede lo mismo con quienes han tenido un ataque demoníaco, su vida se vuelve caótica. Las víctimas, en ambas circunstancias, se sienten vigiladas, acechadas por presencias negativas y temen dormir por el terror producido por las pesadillas.

Algunas incongruencias en el comportamiento de los abductores. Sincronicidades en encuentros amorosos

En su libro *The Love Bite* (*El mordisco de amor*), Eve Lorgen llega a la conclusión de que en muchos casos son los mismos extraterrestres los que provocan los encuentros amorosos en determinadas parejas. Se ignora con qué fin, porque sólo en algunos casos parece ser que el objetivo es producir una unión y traer al mundo seres con ciertas características genéticas.

Esta autora basa algunas de sus teorías en las conclusiones de Karla Turner, famosa abducida que escribió el libro *Masquerade of Angels* (*Disfraz de Ángeles*), a quien ya hemos mencionado.

Turner y toda su familia padecieron secuestros a lo largo de su vida y sobre sus experiencias escribió varios libros, entre ellos *Taken*, donde refiere la intervención del gobierno trabajando conjuntamente con los extraterrestres. En este libro, supuestamente, se apoyó Steven Speilgerg para la serie *Taken*.

Turner relata que son las mismas entidades o extraterrestres "malos" quienes llevan la energía de una persona hacia otra, provocando obsesiones entre seres que creen ser "almas gemelas".

Cuando su objetivo son dos personas y no ocurre el efecto esperado en alguna, puede suceder que la víctima que no se siente correspondida desencadene un acto criminal, que secuestre o asesine a quien no responde a sus insistencias. Es posible también que el que está obsesionado se suicide.

Lorgen habla de entes reptiles, grises, brujas y vampiros psíquicos, entre otros. Uno de los casos es el de Angelina

y Dick, un matrimonio con tres hijos. Angelina había sido abducida varias veces y recuerda que también su madre y su abuela tuvieron experiencias relacionadas con ovnis.

Mientras Angelina dormía, vivía episodios dramáticos donde se sentía paralizada y luego violada sexualmente por un hombre con características reptoides de aproximadamente siete pies de estatura. Mientras el reptiliano abusaba de ella, le enviaba a su pantalla mental escenas donde estaba realizando el acto sexual con su actor de cine favorito.

En ciertas ocasiones, cuando podía sustraerse de la imagen que le implantaba el ente, lo veía claramente con las características de hombre reptil, con escamas, rabo, garras y ojos de víbora. Angelina relata que estos encuentros eran habituales y se daba cuenta cada noche cuando el monstruoso ente aparecía en su recámara, como si entrara a través de un portal interdimensional. Angelina creía que el propósito de los encuentros era que ella, como muchas otras mujeres en el mundo, fuera usada para procrear bebés híbridos.

Cuando comenzaron los eventos compartió su experiencia con su esposo Dick, pero no le creyó a pesar de que también era víctima inconsciente de las entidades. Habiendo sido una mujer dedicada a su marido y a su hogar, comenzó a tener cambios radicales en su vida, sintió deseos eróticos compulsivos que finalmente la llevaron a la promiscuidad. Fue cuando conoció a Steve (otra víctima de abducción), con quien de inmediato tuvo una sensación de reconocimiento, porque ya había tenido sueños vívidos teniendo relaciones sexuales con él. La autora plantea la posibilidad de que, por razones desconocidas, los extraterrestres manipulan a determinadas parejas con objeto de que establezcan una unión. Organizan y fabrican las condiciones adecuadas para hacer que las parejas se conozcan. El

propósito aún no logra explicarse, pero queda claro que no es la procreación, porque en muy pocos casos estas uniones producen hijos.

Como los extraterrestres no obedecen las leyes que conocemos, y sólo hay conjeturas basándonos en nuestras reglas y leyes, algunos investigadores creen que es probable que la energía que resulta de la obsesión que fomentan con los encuentros es un exquisito manjar para ellos.

En casa de Angelina, poco a poco, los reptiles comenzaron a ser vistos por algunas amistades y por sus hijos. Después de seis meses, finalmente, terminó su relación con Steve, pero previo a esto, en sueños, los extraterrestres le dijeron que éste ya no les sería de utilidad.

Su matrimonio con Dick se deterioró sobre todo porque al principio él no creyó que el cambio en su conducta se debiera a la intervención de los reptiles; pero una noche, él mismo tuvo una experiencia aterradora, lo que hizo que se desvanecieran sus dudas respecto a lo que Angelina explicaba.

Buscaron ayuda espiritual y su vida se volvió insoportable, porque los reptiles los amenazaban continuamente. A Angelina le dijeron que si no abandonaba su grupo de apoyo, atacarían a su vecina, lo que sucedió; la posesionaron y ella comenzó a sisear y actuar como serpiente mientras echaba espuma por la boca.

En esta historia se comprende que los tres protagonistas eran víctimas de abducciones, así como probablemente otros miembros de sus familias.

Orbs o esferas luminosas

Cuando Angelina inició la apasionada relación sexual con Steve, en una de sus salidas románticas, que fue un fin de se-

mana completo, al regresar a su casa, vio un gran número de esferas luminosas[26] por todas partes, especialmente unas de

---

[26] Hay muchas teorías respecto a las esferas luminosas que aparecen en fotografías y videos. Aparecen en cualquier parte y con figuras diferentes. A veces se perciben en lugares con vibración alta, pero también en zonas con frecuencia intermedia o baja. Se han captado en catedrales, iglesias, hogares, espacios abiertos, estadios, así como en lugares donde se practica magia negra. No están confinadas a una sola vibración, por eso se les relaciona con fantasmas, partículas suspendidas, ángeles, demonios, etcétera.

Otra teoría es que son porciones de plasma u objetos de otra dimensión. Son conocidas como orbs. Commander X, en su libro *Incredible Technologies of the New World Order*.." dice que probablemente sean dirigidas por computadoras, como robots espías controlados a distancia, o como cámaras, o artefactos con ojos móviles, y visibles especialmente en la oscuridad, aunque vigilan de noche y de día.

Cree que es tecnología extraterrestre usada por el gobierno y asegura haber grabado el sonido que emiten con un equipo electrónico especial. En la categoría de los orbs entran también los rods (barras o varillas que parecen estar unidas por una burbuja energética), o bugrods, conocidos como "insectos voladores no identificados", "serpientes voladoras" y los caneplas, que algunos asumen son sensores de seres intergalácticos para medir las emisiones áuricas de ciertos individuos.

Barbara Bartholic, coautora de *The Story of a UFO investigator*, investigando casos de animales mutilados, tuvo oportunidad de relacionarse con varios granjeros que le confirmaron la presencia de las esferas brillantes en los sitios donde aparecían animales mutilados, además de la presencia de ovnis o helicópteros negros. Barbara se refiere a estas pequeñas orbs como "esferas espías".

Desde la segunda Guerra Mundial se habla del proyecto "Bola de fuego" de Hitler, que consistía en unas esferas plateadas que los estadounidenses llamaron Foo-Fighters (combatiente total), dirigidas mediante frecuencias de radio y provistas de ondas infrarrojas, que hacían blanco en el objetivo dentro de las formaciones aéreas. Algunas de estas "bolas de plata" voladoras, parecían ser prácticamente transparentes. Sin embargo, tampoco se puede descartar la cantidad de evidencias de bellísimas esferas luminosas que aparecen en fotografías tomadas en lugares donde hay fervorosas vibraciones de amor noble y espiritual.

Algunos, también pueden ser elementos de sofisticada tecnología para succionar la energía de las personas o la que existe en los lugares donde se perciben. Se catalogan como fenómenos de origen desconocido.

color oscuro, que parecían penetrar la cabeza de su marido, haciendo que él de inmediato reaccionara con ira y celos.

Le dijo que tuvo sueños donde la vio con otro hombre y describió con exactitud a Steve, también el hotel donde se quedaron y otros datos que no tenía forma de conocer.

Parecía como si las esferas le hubieran transmitido las sensaciones a Dick y no como ella originalmente pensó, que él había puesto un detective a seguirlos, porque independientemente de que ellos no contaban con suficiente dinero para hacer esto, pudo comprobar que no había sido el caso.

Angelina veía las esferas luminosas en su casa con mucha frecuencia y sabía que provenían de los reptoides. Adicionalmente, la atormentaban de varias formas: por ejemplo, cuando hablaba por teléfono con alguna persona del grupo de apoyo al que ingresó, recibía desagradables señales de entidades que intervenían en la comunicación, percibía sonidos extraños, estática y también respiración y siseos de víbora. Esto no sucedía cuando hablaba con personas que no estaban enteradas de su experiencia. (Para más información consultar las páginas: http://www.arrakis.es/\~yosoy/esferasdeluz.htm/fotógrafo, http://www.telefonica.net/web2/franciscochacon/esferasdeluz.htm/orion, investigue "orbs" en cualquier buscador.)

Además de los reptiles, Angelina llegó a ver grises, también vio a hombres vestidos con uniforme de militar y otros con batas blancas como de médico.

Una víctima puede tener sueños vívidos donde interactúa con otra víctima seleccionada para ser su pareja. En algunos casos, las dos partes comparten los mismos sueños; estos encuentros astrales se repiten hasta que en los "sueños" se enamoran o se establece una fuerte conexión emocional; después, de alguna manera, los extraterrestres

arreglan el montaje del encuentro en la vida real, la pareja se reconoce y comienza una relación muy apasionada.

Al poco tiempo, parece que los extraterrestres "desconectan" la sensación de enamoramiento de una de las víctimas y ésta deja de interesarse en la otra, que se convierte en un amante obsesionado, no correspondido y brutalmente herido.

Existen casos donde ambos son desconectados y el interés perdido es mutuo. Abundan las conjeturas sobre el proyecto siniestro de los extraterrestre tras las abducciones, pero este tinglado para el encuentro entre dos personas, desde nuestra perspectiva humana, no tiene sentido.

Es probable que la intención sí esté relacionada con la multiplicación de bebés con determinado código genético para fines que desconocemos. Podría ser, como lo sugieren varios investigadores, entre ellos la doctora Karen Turner, que es para recoger espermas y óvulos humanos con la finalidad de reproducción de seres para su nutrimento, como un corral de aves o ganado.

La investigadora e hipnotista Barbara Bartholic, a través del libro escrito por Peggy Fielding, *Barbara: The Story of a UFO investigator*, explica que no sólo los contactados o abducidos son afectados por el fenómeno conocido como "obsesión", porque los extraterrestres, de alguna manera, intervienen en todas las obsesiones, sólo que pocas personas pueden recordar la experiencia. Bartholic ha trabajado con más de 700 abducidos y es una de las investigadoras más reconocidas en el tema de los reptilianos.

Otra versión sobre ellos es que aparentemente están involucrados en una guerra espiritual que abarca dimensiones cósmicas. Supuestamente, muchas filosofías que hoy hablan de la inexistencia del mal o que lo entienden como el

equilibrio para que funcione el bien, han sido instigadas por ellos con el fin de distraernos de las barbaridades que cometen en espacios invisibles (intraterrenos y extraterrenos), para poco a poco tomar posesión del planeta.

Por otra parte, Laura Knight-Jadczyk (canal de los cassiopeos) opina que algunos extraterrestres son benevolentes y los hostiles son renegados interplanetarios. Los reptilianos son entes parafísicos que pueden alterar su densidad y operar dentro de los confines de nuestro plano tridimensional, tanto dentro como fuera de nuestro espectro visual. Knight-Jadczyk coincide en que pueden entrar al espacio astral del que duerme y alterar sus sueños, implantarle imágenes, mensajes tendenciosos y obsesiones.

Energía sexual

Durante las violaciones sexuales, o cuando organizan encuentros obsesivos entre parejas, generalmente:

1. Los grises están presentes.

2. Los grises conectan aparatos extraños a los órganos sexuales de los abducidos y les insertan agujas o sondas para colectar semen o muestras de ovario.

3. Las víctimas han descrito los órganos sexuales de los extraterrestres como si fueran de hielo, tanto los de los reptilianos como de los insectoides o mantis religiosas.

4. También los rubios asaltan sexualmente.

5. Todos muestran gran interés por el alma humana y sobre cómo sustraer su esencia de vida.

Se podría discutir sin fin sobre si todos los extraterrestres son benevolentes o no, pero en el último de los casos, si estamos con Dios, no tiene importancia su conducta. Aquí en el mundo material existen seres humanos que ayudan y otros que obstaculizan; sin embargo, conociendo nuestro poder interior y teniendo la poderosa arma que Dios nos ha dado, la oración y la nobleza de corazón, podemos estar protegidos de energía densa, ya sea que venga de extraterrestres negativos, brujos negros, o de gente que emite malas vibraciones. Nuestra única defensa es y será, apelar a Dios, confiar en su Divina Providencia, y en nosotros mismos. Si estamos seguros de esto, nadie puede perturbarnos. Hay que rechazar mentalmente todo aquello que no venga envuelto con el Amor de Dios.

Imagen mental de obsesión insertada por extraterrestres. Ilustración basada en la figura que aparece en el libro *The Love Bite*, de Eve Lorgen.

Copia de la ilustración del libro *The Love Bite*, de Eve Lorgen.
Refleja la visión de un abducido que recuerda ver entidades
reptiles asomándose por un portal interdimensional que se abre
en su habitación.

La batalla por las almas

Rudolf Steiner fue un genio que nació en Karljevik, en el
territorio austro húngaro, región hoy dentro de la actual
Yugoslavia. Vivió de 1861 a 1925. A fines del siglo pasado,
preocupado por el creciente materialismo que comenza-
ba a absorber al ser humano, desarrolló una filosofía que
podría encaminar al hombre hacia la percepción del mundo espiritual. La doctrina es conocida como Antroposofía
(de *anthropos*= hombre y *sophia*= sabiduría). Enseña que el
Universo es una expresión divina y está en continua evolución, y el hombre como parte de él tiene la oportunidad de
desarrollarse hasta dominar todos los obstáculos materiales
y regresar concientemente hacia Dios. Rudolf Steiner fue un

gran científico y filósofo, también un destacado arquitecto, pintor y escultor; escribió numerosas obras y fundó el sistema educativo Waldorf.

Inventó el planteamiento agrícola llamado "agricultura biodinámica" y dio forma a la danza sagrada "euritmia". Fue un gran clarividente y desde muy temprana edad podía ver, escuchar y comunicarse con seres espirituales. Su misión, la visualiza como una contribución al trabajo de San Miguel Arcángel, de quien fue un gran devoto. Según Steiner, en los últimos 30 años del siglo XIX, en los planos astrales, se entabló una lucha entre las fuerzas oscuras de Ahriman y las fuerzas de la luz comandadas por San Miguel Arcángel. Steiner, siendo clarividente, vio que la lucha terminaba con una completa victoria de San Miguel, pero a consecuencia de esto, gran cantidad de entes demoníacos cayeron a la Tierra, lo que trajo como consecuencia que la presencia e influencia de éstos fuera un obstáculo para el futuro de la humanidad. Steiner percibió que los años subsiguientes serían terribles, pero llegarían a su fin con el triunfo de las fuerzas de la luz el amor reinaría en el corazón humano.

Las fuerzas oscuras tienen un propósito que es interferir en la evolución de la humanidad desviándola del camino espiritual que es el destino glorioso para el que fue creada. No obstante, todos podemos elegir nuestro destino, podemos alinearnos con los seres de amor que están prestos para auxiliarnos, o permanecer inertes y ser víctimas de las fuerzas que quieren apoderarse del planeta.

Leah A. Haley en *Unlocking Alien Closets* asegura que sus investigaciones le han confirmado lo que ya sospechaba desde hace décadas, que una guerra espiritual sucede en la Tierra. Es una batalla por las almas y sólo acercándonos a Dios estaremos protegidos.

El científico canadiense Wilbert Brockhouse Smith (1910-1962), aunque es recordado especialmente por sus descubrimientos relacionados con el movimiento perpetuo y la corriente alterna, también hizo investigaciones en el campo del psiquismo, de la filosofía y de la religión. Advirtió del peligro que existe porque la humanidad está en medio de un conflicto entre dos fuerzas, una de la oscuridad y otra de la luz. Esta lucha ha existido siempre, pero se está agravando más en estos tiempos por la avanzada tecnología que las fuerzas del mal usan para controlar la mente humana.

Ya no se trata sólo de agresión física, sino que la batalla es para tener un dominio total sobre la mente, las emociones y las actitudes. Los seres benevolentes que ayudan a la humanidad, continuamente le transmiten pensamientos elevados de amor a Dios y al prójimo; están trabajando horas extra para la salvación espiritual, mientras que el bando opuesto, las fuerzas del mal, tienen como consigna destruir al ser humano en todos los aspectos: físico, mental y espiritual.

Estas entidades se aprovechan de la televisión, radio, libros y de todos los medios de comunicación. Lo que percibimos en el mundo físico de dos bandos en lucha armada, con cientos de miles de muertos, es un pálido reflejo de lo que sucede en los planos invisibles; allí la lucha es por el alma. Los entes oscuros la desean para sí y los seres de amor que nos protegen luchan para que conservemos nuestra conciencia individualizada dentro de nuestra alma.

Incluso quienes pertenecen a diferentes campos de investigación nos hablan de la guerra que existe en los planos metafísicos y advierten del peligro de la apatía y descuido de la mente.

Vivimos momentos trascendentales, decisivos, donde tenemos que buscar la ayuda divina para encaminar nuestra fuerza mental hacia delicados pensamientos de amor a Dios y al prójimo, con sentimientos elevados, palabras que engrandezcan y que apoyen a los demás y con actos de ayuda humanitaria. Nunca como ahora ha sido tan importante que nos definamos, que nos alineemos conscientemente con los seres de amor que se esfuerzan por salvarnos.

Les interesa la Tierra

Kenneth Ring (del Omega Project) dice que el interés por el sistema ecológico parece tener una relación directa con las abducciones, porque casi invariablemente los secuestrados despiertan un interés por el medio ambiente y trabajan de una u otra forma en su preservación. Esto no está mal, lo extraño es que parece ser un mensaje implantado artificialmente en el subconsciente de los abducidos.

No se puede negar tampoco que es tanto el daño que se está produciendo al planeta al alterar sus ciclos hidrológicos, debilitar la capa de ozono que nos protege de los rayos cósmicos, y contaminar el aire, el agua y la tierra con sustancias tóxicas, que se dificulta devolverle su pureza original.

Se ha estado alterando el sistema completo de la Tierra de manera tal que, probablemente dentro de poco, con los transgénicos o manipulación de los genes en las plantas, la consecuencia será una masiva deformidad en el cuerpo y la mente humana.

Es factible que si los extraterrestres, por algún motivo, consideran este planeta suyo, se vuelvan intolerantes ante

las actitudes irresponsables de la humanidad y estén tomando cartas en el asunto con el fin de acabar con el deterioro.

Viéndolo objetivamente, la raza humana no parece estar interesada en el planeta; actúa como si no perteneciera a la Tierra, por naturaleza, el dueño de su hogar está interesado en preservarlo y el ser humano actúa de forma contraria a esto, en cuanto al planeta se refiere.

Algunas personas sostienen que las abducciones se efectúan para estudios o experimentos de parte de los extraterrestres para bien de la humanidad. Sin embargo, algunas evidencias indican que lo que hacen es conducir un programa mundial de explotación orgánica del ser humano. *The Threat* (*La amenaza*) del doctor David M. Jacobs[27] relata el caso de algunos abducidos, como el de Pam Martin, a quien los extraterrestres le dijeron que su plan lo desarrollaban en tres etapas: gradual, acelerado y repentino, y que ahora estaban en la etapa acelerada, que todo acabaría antes de que los humanos se dieran cuenta.

A Jason Howard, otra víctima, le dijeron que esto sucedería alrededor de 1999. A Reshma Kamal, también secuestrada, le dijeron que después del cambio habría un único objetivo y una sola forma de gobierno mundial controlada por los insectoides.

Las veces que han transmitido alguna información relacionada con el futuro del planeta, dan a entender que sólo los abducidos podrán convivir con ellos porque el resto

---

[27] El doctor Jacobs, con Budd Hopkins, es de los pocos autores que, con seriedad, presentan el lado oscuro de las abducciones. Su realismo y conclusiones sobre las actividades negativas de los extraterrestres no son bien recibidas por las personas que los ven como seres positivos que trabajan para el bien de la humanidad, aun cuando sus experimentos sean dolorosos y realizados sin el consentimiento de los abducidos.

de la población se conservará como material de reproducción en caso de que surgieran problemas en su programa de hibridación.

De acuerdo con esto, el futuro será de insectoides, bajo cuyo mando estará el control del mundo, luego los híbridos, enseguida los abducidos y finalmente, los no abducidos, en un nivel inferior.

Allison Reed, otra abducida, relata que le presentaron una escena del mundo futuro, donde los seres —todos híbridos blancos— no tendrían recuerdos como ahora, implicando que sería un mundo con seres tipo robots, dominados por extraterrestres.

Jacobs agrega que los extraterrestres y los híbridos sólo muestran interés por la conservación del planeta, pocas veces se refieren a la preservación de la humanidad o sus instituciones. Manifiestan su deseo de un mundo mejor, pero no incluyen una coexistencia pacífica, de igualdad, con los seres humanos.

Lo que es más, algunos han sido los instigadores de la desgracia humana. William Bramley, intentando conocer el motivo por el que la humanidad siempre está en guerra —aun cuando la mayoría desea vivir en paz y armonía— se dedicó a buscar datos, y para su sorpresa, durante los siete años que duró su investigación, fue conducido a tocar el tema de los extraterrestres, porque continuamente se asomaban en cada rincón que investigaba.

Finalmente llegó a la conclusión de que el ser humano no es perverso por naturaleza, sino que ha sido hostigado continuamente por estos extraños visitantes, que se han manifestado a través de la historia, siempre trayendo pestes, desgracias e instigando a la gente para que se involucre en guerras sin sentido.

Son los que en el pasado se hacían pasar por dioses, y son responsables de las conflagraciones, genocidios y conflictos en la Tierra. Son de una perversidad indescriptible y han conspirado desde el principio para dominar a la humanidad por medio de la violencia y el caos.

En su libro *The Gods of Eden* Bramley muestra inquietantes evidencias de cómo han interactuado y esclavizado a la humanidad desde su origen, y de cómo han engañado y conspirado para mantener al ser humano en guerras y sumido siempre en un estado de terror. La sed de sangre que manifiesta el hombre no se debe a su naturaleza, sino a la manipulación de estas entidades del mal.

Bramley, cuando comenzó su estudio sobre el porqué de la naturaleza belicosa del ser humano, nunca pensó que tocaría terrenos tan engañosos y escabrosos como el de los extraterrestres, porque afirma que existen pocos temas tan llenos de desinformación, dolo, falsedad y fraude como es el de los ovnis y extraterrestres.

Muchas personas de buena fe que se adentran en el tema, generalmente tropiezan con personas deshonestas, embusteras, o con un plan deliberado para ofuscar y entregar reportes falsos y evidencias fraudulentas. Es un tema peligroso, donde gente honesta puede ser desacreditada por querer presentar como evidencias datos tan escrupulosamente falsificados que pueden enredar hasta al más sagaz.

Como expresa Bramley, para comprender más el fenómeno ovni y el misterio que le rodea, es necesario tocar algunos tópicos que a primera vista no están relacionados. Sin embargo, cuando ponemos un poco de atención, descubrimos que estos aparatos y sus ocupantes parecen estar vinculados con todo lo intricando, oculto y secreto.

Además, analizándolos, aunque sea someramente, podemos convencernos cada vez más de lo distante que están de los Ángeles Celestiales, nuestros verdaderos hermanos de amor.

El Experimento Filadelfia y el Proyecto Montauk

En capítulos anteriores se tocaron algunos temas en los que se percibe la intervención negativa de los extraterrestres, pero ahora abordaremos algunos experimentos y proyectos en concreto, atribuidos a su intervención con el uso de su tecnología.

La historia del Experimento Filadelfia salió a la luz pública en 1956, con unas cartas que un misterioso personaje que firmaba como Carl Allen (o Carlos Miguel Allende), escribió a Morris K. Jessup, autor del libro *The Case for the UFO*[28]

---

[28] Igual que muchos otros libros sobre el tema, cuyos autores sólo recopilan avistamientos de ovnis, el de Jessup cobró relevancia porque una copia con —anotaciones de personas anónimas— fue enviada a la oficina naval de Estados Unidos. Más tarde se supo que aparentemente Carlos Allende fue una de las tres personas que la habían enviado, porque Jessup recibió información también de otros dos individuos además de Carlos Allende, quienes insinuaron ser responsables del envío, y que, los tres informantes, Carlos Allende incluido, eran descendientes de gitanos que pertenecían a una sociedad guardiana de alta tecnología.

Las anotaciones que agregaron al libro enviado a la oficina naval se referían a campos de fuerza, naves aéreas, grupos trabajando en el Triángulo de las Bermudas, guerras nucleares que ocurrieron en un pasado remoto, cristales de diamante, y muchos otros temas de alta tecnología; pero lo que llamó la atención de la oficina naval fue lo referente al Experimento Filadelfia, porque supuestamente era un proyecto naval secreto.

quien, aunque es presentado por sus detractores como un astrónomo aficionado, otros investigadores se refieren a él —además de astrónomo— como un renombrado científico, arqueólogo y ex profesor de Matemáticas de la Universidad de Drake, en Iowa y de la Universidad de Michigan.

El científico pasó mucho tiempo estudiando las ruinas mayas e incas, y antes de que publicara sus libros Erich von Däniken, ya especulaba que estas grandes estructuras habían sido construidas por inteligencias extraterrestres.

En la primera carta que Jessup recibió de Carl Allen decía que el gobierno de Estados Unidos había realizado un peligroso proyecto llamado Experimento Filadelfia, cuyo objetivo era lograr que los submarinos de la Marina no

---

La naval después localizó a Jessup para interrogarlo. Una de las anotaciones se refería a la existencia de dos razas diferentes —que tienen conflictos entre sí— compartiendo el planeta con nosotros.

Tienen bases en el fondo del océano y en el espacio exterior, pero se molestan si se les llama "visitantes", porque aseguran haber estado aquí desde antes de que aparecieran los seres humanos, a los que consideran formas animales inútiles sin capacidad de elevar la conciencia.

En las anotaciones explican que una raza está compuesta por pequeños seres que aseguran haber sido los artífices de las estructuras antiguas del planeta, constructores de templos en diferentes lugares del mundo, pero fueron atacados por otra raza conocida como Hombres S.

Los Hombres S son totalmente materialistas, perversos, voraces por la carne roja y hambrientos de poder; las guerras son su deporte y acabar con un planeta significa nada para ellos. Se les contacta por medio de la magia negra ceremonial, y supuestamente, ésta es la raza con la que tenía tratos el círculo íntimo de la Alemania nazi que le dio el poder a Hitler.

Los Estados Unidos, al saber esto, buscaron afanosamente establecer también el vínculo, y como desde antes de terminar la Segunda Guerra ya habían traído a muchos miembros de la Gestapo, presuntamente, además de transformar lo que era la Oficina de Servicios estratégicos en lo que hoy es la CIA, enseñaron las fórmulas secretas de la magia negra ceremonial para hacer la conexión con los Hombres S. Éste, en teoría, es uno de los motivos para mantener el secreto sobre los extraterrestres y sobre las operaciones clandestinas con ellos.

fueran detectados por los alemanes en la Segunda Guerra Mundial.

Allen (o Allende) explicaba que, siendo oficial de la Marina, desde el buque Liberty SS Andrew Furuseth, tanto él como varios otros oficiales fueron testigos del experimento que aparentemente estaba relacionado con tecnología extraterrestre y que tuvo consecuencias desastrosas.

Al estudiar el caso, Jessup encontró que, efectivamente parecía que había algo de verdad en esta denuncia, porque en teoría, Nikola Tesla y el equipo naval de Princeton habían alcanzado una medida de control sobre la física del espacio tiempo, y este logro se conoció como el Proyecto Rainbow (Proyecto Arco Iris).

Para probar la teoría se escogió el buque *Eldridge* para teletransportarlo. El objetivo final de este programa era enviar material y tropas a cualquier zona de la red geomántica de la Tierra en cualquier tiempo de la historia. Es decir, viajar en el tiempo y el espacio, como en la serie televisada en el año de 1966 *El túnel del Tiempo*, cuya trama, asegura el científico Preston B. Nichols, fue inspirada en sus hazañas en Montauk, Long Island, otro proyecto clandestino llevado a cabo en Estados Unidos que se relaciona con el de Filadelfia y que resumiremos más adelante.

Jessup, en un principio —particularmente por la redacción y gramática de las cartas de Allen— pensó que se trataba de un alucinado, pero luego descubrió que había un fondo sobre el que valía la pena indagar más. Se desconoce hasta dónde llegaron sus pesquisas, pero lo que sí se sabe es que persistió en su búsqueda sobre la verdad del Proyecto Filadelfia.

Publicó cuatro libros con temas sobre ovnis, fue investigado por la Marina de Estados Unidos y por la Agencia

Especial de Investigaciones y un día, en 1959, salió a una cita con un colega investigador para compartir datos que había recopilado, pero nunca llegó a su destino. Fue hallado inconsciente en su camioneta cerca de un parque. La camioneta tenía una manguera conectada al tubo de escape, sugiriendo que se había suicidado[29].

Cuando lo encontraron, supuestamente aún estaba vivo pero no existen evidencias de que se intentó salvarle la vida y nunca aparecieron los datos que pensaba revelarle a su amigo. Hasta hoy sigue siendo un misterio su muerte, así como todo lo que rodea el caso del Eldridge.

La información recopilada sobre el Proyecto Filadelfia refiere que, aunque hubo algunos ensayos previos sin grandes tragedias, en 1943 se llevó a cabo un experimento con el buque USS Eldridge que resultó fatal para varios tripulantes que se encontraban a bordo.

Según informes clasificados de los archivos de las Oficinas de la Inteligencia Naval (ONI, Office Of Naval Inteligence), el Eldridge sufrió dramáticos cambios una vez que comenzó el experimento: el buque se vio envuelto en una verdosa bruma de energía electromagnética, similar a la del Triángulo de las Bermudas y desapareció en el espacio temporal continuo; aparentemente, algunas de sus partes se esparcieron en el pasado y otras en el futuro, cerca de campos electromagnéticos de alta frecuencia y en espacios de distorsión temporal.

Finalmente, el barco reapareció en Filadelfia, con varios de los tripulantes desaparecidos y otros muertos incrusta-

---

[29] La esposa de Jessup aseguró que el cadáver del "suicida" no correspondía con la descripción de su marido.

dos en la estructura de acero del barco[30], embutidos en el piso y la cubierta, con la cabeza de un lado y el torso del otro; unos flotaban en la niebla sobre el barco, algunos se calcinaron por combustión espontánea y otros quedaron paralizados en el tiempo.

Muchos sobrevivientes se encontraban histéricos y aterrados; algunos enloquecieron completamente, y con el paso del tiempo otros se volvieron invisibles, arrastrados a una realidad alterna y reviviendo los horrores del experimento. Se cree que algunos fueron a una realidad espacio-temporal paralela.

Los que quedaron con vida, locos y deprimidos, nunca se acomodaron al tiempo como lo conocemos, ni su cuerpo quedó molecularmente organizado como antes.

Las víctimas del experimento sufrieron consecuencias terribles que involucraban la tendencia de algunas a entrar a otra realidad espacio-temporal, despareciendo del plano material pero capaces de ver lo que sucedía en el mundo físico. Eran como fantasmas atrapados en un espacio, sin estar ni vivos ni muertos.

Un reporte incluye la desaparición instantánea del piloto de un avión implicado en el experimento, lo que ocasionó la muerte del pasajero que llevaba a bordo. Los rusos refieren que en el experimento también se esfumó un submarino.

Con el tiempo, una víctima atravesó una pared, y se fue para siempre de la vista de su familia; un grupo de trabajadores se evaporó dentro de una bruma verdosa durante un

---

[30] Se han reportado anomalías similares después de algunos tornados, como el hecho de encontrar paja formando parte de algunos tablones y otros elementos, lo que hace suponer que efectivamente puede producirse un traslape en el tiempo y espacio durante los fenómenos meteorológicos.

pleito en una cantina, dejando pasmados a sus oponentes; otro hombre, reportado muerto, aparecía de la nada, llorando y pidiendo comida en casa de su madre.

Algunos de los tripulantes que desaparecieron durante el experimento, supuestamente fueron atraídos a otra realidad alterna varias décadas después por el doctor John von Neumann y por otros científicos de la operación.

Aparentemente, algunos viajaron en el tiempo hacia el año 1984. Y es allí donde comienza la historia conocida como el Proyecto Montauk, que relata Preston Nichols y otros que dicen haber participado en él, entre ellos Al Bielek, Duncan Cameron, Michael Ash, Stewart Swerdlow (autor de *Blue Blood, True Blood*), entre otros.

La historia del Experimento Filadelfia, según quienes se han dedicado a desentrañarla, aunque suena bastante rara para ser real, en teoría, tiene demasiadas "casualidades" para no ser considerada.

En primer lugar, hay una anormal saña y crueldad conque los escépticos arremeten contra los involucrados. Más que tratar de demostrar su punto, parece que trabajaran por encargo de algún poder superior para ridiculizar y desacreditar todo lo que huele a ovnis y al Experimento Filadelfia.

En segundo, aparte de la congruencia en los datos técnicos que aportan los testigos, sobrevino también la misteriosa muerte de Jessup y la de Phil Schneider, geólogo que reveló varios detalles del proyecto, confiados a él por su padre Otto u Oscar Schneider, ex nazi que supuestamente fue traído a Estados Unidos en la Operación Paperclip.

Según Phil Schneider, su padre le confesó en su lecho de muerte que el Experimento Filadelfia se había llevado a cabo y que él había participado en el proyecto como médico, atendiendo a las víctimas.

230

Schneider hijo aseguraba haber trabajado en la construcción de bases subterráneas para el gobierno de Estados Unidos, entre ellas la del Área 51 y la Base Dulce, en Nuevo México. Sobre este tema y referente al Experimento Filadelfia, se dedicaba a dar conferencias, durante las que repartía copias de los documentos con la letra de su padre, que confirmaban que efectivamente Otto u Oscar Schneider había sido empleado de la Marina y residía en Filadelfia en la época que se supone se llevó a cabo el programa. Phil Schneider explicaba que al dar esa información estaba faltando a la ley y rompiendo el voto de silencio al que se había obligado.

La historia del médico Schneider es otro tema muy controvertido, y en la red se pueden encontrar muchas páginas relacionadas, unas a favor y otras en contra, todas presentando "pruebas" para reforzar sus puntos de vista.

La muerte de su hijo, Philip Schneider, fue horrible y dolorosa, porque aparentemente fue estrangulado lentamente con una manguera de hule. Su cuerpo apareció con las muñecas rotas y con indicios de que fue drogado antes de morir.

Después de que llevaba aproximadamente una semana muerto, fue encontrado en su departamento por un amigo que lo visitaba frecuentemente para darle clases bíblicas. El amigo, al ver que Schneider no respondía a la puerta y su coche estaba en el garaje, buscó a un policía y ambos entraron a la casa, donde encontraron el cuerpo en una extraña posición.

La cabeza descansaba en el asiento de una silla de ruedas y el resto estaba debajo de una cama ajustable. Se encontró mucha sangre en el piso, pero curiosamente, ningún rastro en la silla.

La policía, en un principio, determinó que había muerto de un ataque cardíaco y que la sangre seguramente la había expulsado por la boca después de una hemorragia cerebral.

En sus múltiples conferencias, Phil siempre habló de los constantes atentados contra su vida, lo que hace suponer que su muerte fue un asesinato para silenciarlo, y no un suicidio como se determinó oficialmente.

El hule con que fue estrangulado se había enrollado tres veces y fue rematado con dos nudos, lo que hizo comentar a un veterano detective de Nueva York que era imposible autoasfixiarse de esta forma, porque las personas que se suicidan ahorcándose usan el peso del cuerpo para bloquear la entrada de oxígeno y se rompen el cuello, pero esto no sucedió en este caso.

Otro dato interesante en las afirmaciones de Phil Schneider señala que su padre, el médico Schneider, había retirado un "implante" del cuerpo de uno de los marinos, tecnología que entonces sólo podría asociarse con extraterrestres.

Esta situación confirmaría la teoría de Al Bielek (de quien hablaremos más adelante, sobre el Proyecto Montauk) de que el Experimento Filadelfia fue conducido por extraterrestres para abrir un portal de modo que entes de otros espacios temporales pudieran invadir nuestra realidad.

Esto supone que las redes protectoras invisibles de nuestro planeta fueron perforadas y atravesadas por extraterrestres con la complicidad de seres humanos en altos puestos gubernamentales.

Partículas esparcidas

La desorganización molecular que sufrieron los participantes en el Experimento Filadelfia, de acuerdo con algunos especialistas, es semejante a la esquizofrenia, que se relaciona con un desajuste de los diferentes campos energéticos que compone el cuerpo humano. Al existir este desequilibrio, la persona percibe varias realidades sin saber cuál corresponde al plano en el que se enfoca la mayoría de la gente; es decir, cuál es el plano del mundo físico o tridimensional.

Este desajuste de campos energéticos puede suceder en cualquier momento, especialmente durante la adolescencia, por un accidente o también se da en víctimas de abducciones. Después de una experiencia de esta naturaleza, al individuo se le dificulta ubicar el tiempo de la forma en que todos percibimos el tiempo lineal que corresponde a nuestro mundo de tres dimensiones.

Los procedimientos quirúrgicos que relatan muchos individuos abducidos por extraterrestres, generalmente se llevan a cabo en la cuarta dimensión, la cual parece ser el futuro, en relación con nuestra tercera dimensión. Por esto, los experimentos, al ser realizados en la cuarta dimensión, se realizan sobre el cuerpo astral, y para hacer esto, los extraterrestres separan el astral del cuerpo físico; una vez concluida la intervención, el cuerpo astral es catapultado nuevamente atrás en el tiempo y unido con el cuerpo físico.

Reiteradas experiencias de esta naturaleza pueden producir dificultad para que la víctima se adapte al mundo físico, lo que desde la perspectiva médica, corresponde a un desajuste mental o físico.

Hay muchas víctimas de abducciones que hoy están en instituciones mentales porque sus secuestradores extraterrestres, una vez que manipularon su cuerpo, no se ocuparon de reajustar debidamente sus contrapartes; es decir, no se molestaron en sincronizar el cuerpo mental con el astral, ni los chakras del cuerpo etérico con los órganos correspondientes del cuerpo físico.[31]

---

[31] Para más información sobre los cuerpos, ver *Los Ángeles del destino humano*, volumen 1, *¡Morir sí es vivir!*, de Lucy Aspra.

Bob Beckwith, autor del libro *Hypothesis*, sugiere que es esto precisamente lo que sucedió con los marinos del Eldridge en el Experimento Filadelfia, donde las partículas de sus cuerpos quedaron esparcidas en diferentes dimensiones. Este fenómeno también explicaría los extraños estados mentales de algunos famosos abducidos, como Al Bielek, Stewart Swerdlow, Ted Rice y Glen Pruitt, entre otros.

Viaje en el tiempo

Como se mencionó anteriormente, parece que el Experimento Filadelfia está relacionado con otro programa secreto que se llevó a cabo en Montauk, Long Island, y sobre el que han escrito Preston B. Nichols y Peter Moon, en varios libros.

Su versión resumida es como sigue: la Marina de Estados Unidos realizó dos experimentos que se llevaron a cabo con 40 años de diferencia, uno en agosto de 1943 y el otro en agosto de 1983 (o 1984 según otros investigadores).

En el primero, el resultado fue la desaparición por 20 minutos del barco *US* Eldridge, pero con enormes complicaciones. Durante este experimento hubo mucha actividad de ovnis, lo que hace suponer que estaban involucrados o estaban monitoreando el proyecto.

Después de 40 años se intentó nuevamente el experimento para corregir lo que había salido mal en el primero, cuando los científicos trabajando para la Marina hicieron desaparecer el barco desde un muelle en Filadelfia.

Este proyecto ultrasecreto fue llamado Project Rainbow —de donde deriva la tecnología conocida hoy como

Stealth[32]—. Nikola Tesla, inventor responsable de la corriente alterna[33], y el doctor John von Neumann, matemáti-

---

[32] En teoría, la meta de la tecnología *Stealth* es que los aviones no puedan ser detectados por los radares, pero muchos investigadores se preguntan por qué se invierte tanto en *Stealth*, tomando en cuenta que la tecnología de la gravedad se conoce desde hace muchos años. Algunos teóricos de la conspiración sospechan que se trata de otra maniobra del gobierno para mantener el engaño sobre los avances tecnológicos, de los que muchos ya se están usando para afectar negativamente a la población.

[33] Nikola Tesla (1856-1943) nació en la ciudad Servia de Smiljan, estudió en Austria y en 1884 se mudó a Estados Unidos, donde trabajó junto a Thomas Alva Edison, Graham Bell y George Westinghouse. En 1893 diseñó un sistema de comunicaciones sin hilos, para lo que construyó una antena de más de 30 metros de altura. Su finalidad fue transmitir energía eléctrica gratuita a distancia sin necesidad de cables. Patentó más de 700 inventos, de los que derivan muchos que hoy se cree son usados para producir efectos negativos en la humanidad, como los Rayos T.

Los rayos T se usan para el control cerebral; pueden intervenir y anular la radiación energética del cerebro; trabajan sobre los códigos de energía o radiación cerebral y son disparadores espaciales invisibles que se pueden usar para bloquear o dominar mentalmente a la gente.

Con estos rayos es posible borrar los recuerdos, enviar órdenes y controlar la conducta social de una población en general o de un individuo en particular. De los Rayos T derivan muchos inventos que hoy conocemos como armas capaces de producir malestares físicos, tales como fiebre, mareos, vómitos, anulación de de la función psicomotriz, taquicardias, paros cardíacos, amnesia, sordera temporal, entre otros.

No obstante, este no era el destino que Tesla anhelaba para sus inventos, y muestra de sus buenos propósitos es la lista de sus declaraciones respecto a los mismos: "En un futuro próximo veremos una gran cantidad de aplicaciones de la electricidad[...] Dispersar la niebla mediante la fuerza eléctrica[...] Centrales sin hilos[...] (para) iluminar los océanos[...] Transmisión de imágenes mediante hilos telegráficos ordinarios[...] Máquina de escribir operada mediante la voz humana[...] Eliminadores de humo, absorbedores de polvo, esterilizadores de agua, aire, alimentos y ropa[...] (será) imposible contraer enfermedades por gérmenes[...] Transmisión de energía sin hilos para que el hombre pueda solucionar todos los problemas de la existencia material. La distancia, que es el impedimento principal del progreso de la humanidad, será completamente superada, en palabra y acción. La humanidad estará unida, las guerras serán imposibles, y la paz reinará en todo el planeta[...]"

co,[34] fueron los que iniciaron el diseño del equipo especial de alto voltaje que se instaló en el barco.

Los involucrados en el Experimento Filadelfia aseguran que Albert Einstein fue otro de los científicos que armaron el proyecto; también se menciona a T. Townsend Brown, Edward Cameron, John Hutchinson y Emil Kurtenauer.

Supuestamente, el dispositivo fabricado con los datos de Tesla estaba destinado a modificar el campo magnético del buque para hacerlo invisible al radar y evitar las minas y proyectiles alemanes, pero algo no funcionó como se había planeado, y el buque desapareció del plano físico, atravesó la barrera espacio-temporal y entró a otra dimensión, para después, en cuestión de segundos, aparecer a cientos de millas, hasta Norfolk,[35] Virginia, para luego reaparecer de nuevo en Filadelfia.

Preston B. Nichols ha escrito mucho sobre el Proyecto Montauk, porque asegura haber formado parte del programa cuando fue asignado en 1973 como radioelectricista, y aunque había perdido recuerdos de su participación, llegó a deducirlo por circunstancias aparentemente casuales: descubrió que todos los días, a la misma hora, su mente se bloqueaba.

Como ingeniero electrónico y experto en radares empleó un equipo especial para comprobar si este fenómeno estaba relacionado con algo en el ambiente y en efecto, pu-

---

[34] John von Neumann fue un científico originario de Budapest, Hungría, transferido a Estados Unidos. Vivió de 1903 a 1957.

[35] Teóricamente, cualquier objeto o persona, al ser teletransportada, puede aparecer en el futuro o en el pasado, porque entra en un tiempo-espacio diferente; es por esto que aparentemente el Eldridge fue visto en otros lugares, como en el norte de Italia, en el desierto de Gobi y en Montauk Point, New York. Incluso existen versiones de que se usó en la Invasión de Normandía.

do detectar que a la hora que percibía el bloqueo había una onda a 410-420 MHz en la atmósfera.

Nichols se dedicó a buscar la procedencia de la señal, hasta rastrearla en una base en Montauk Point, Long Island. Fue a visitar el lugar con un amigo y allí conoció a un vagabundo que lo reconoció como su antiguo jefe cuando allí en Montauk se llevaba a cabo un proyecto secreto.

Preston no puso mucha atención al comentario en aquel momento, pero pasado algún tiempo fue a buscarlo una persona para que le arreglara un aparato de audio; la persona resultó ser un individuo llamado Duncan Cameron, quien se mostró interesado en las investigaciones de Preston, por lo que ambos viajaron a Montauk.

Cuando entraron al antiguo edificio de transmisiones, Duncan tuvo una especie de trance y Preston, que había estudiado metafísica, le ayudó a desbloquear recuerdos que estaban sumergidos debajo de capas de programación mental.

Duncan recordó que había servido en el USS Eldridge con su hermano Edward. Entonces Preston se dio cuenta de que él también había sido obligado a olvidar el trabajo oculto en el que estuvo involucrado.

El programa en que Preston B. Nichols asegura haber participado lo describe en varios libros que reúnen información relacionada con presuntos proyectos clandestinos del gobierno de Estados Unidos.

Afirma que fue víctima del extraño experimento basado en tecnología extraterrestre efectuado en Montauk, ubicado en Camp Hero, Long Island, que se inició a raíz del Experimento Filadelfia.

Este supuesto programa del gobierno estadounidense incluía algunos de los más adelantados experimentos en el campo de la relatividad y la física cuántica, viajes interdi-

mensionales y en el tiempo, control meteorológico, control mental, teletransportación a gran escala y materialización de objetos.

Según Preston Nichols, muchas pruebas de manipulación electrónica en Montauk fueron realizadas tanto en individuos como sobre masas de la población en general.

Se supone que las pruebas ionosféricas que se realizan hoy mismo desde las instalaciones Haarp, en Alaska, son una continuación del Proyecto Phoenix; es decir, desde Haarp se prosigue con lo que se hacía en Montauk, que implica pruebas para controlar ciertos rangos de frecuencia dentro del espectro electromagnético para la subordinación de las ondas cerebrales de la población mundial.

Según Valdemar Valerian (pseudónimo de John Grace, fundador del *Leading Edge Research Group* y autor de varios libros que llevan el título Matrix) esta tecnología ya es usada de forma masiva, por lo que la población del mundo entero ya está controlada mentalmente.

A decir de Preston Nichols, en el programa de control mental los individuos seleccionados eran generalmente niños, a veces recién nacidos. A cada uno se le asignaba un controlador-manipulador que se encargaba de someterlo a las más horrendas torturas, como violaciones sexuales continuas, aplicaciones de electrochoques, introducción de agujas en los oídos y genitales, entre otras.

Con esto suprimían las emociones y todas las respuestas básicas de las víctimas; les producían un trauma extremo para separar su cuerpo de la mente, fragmentándola en varias secciones que luego reprogramaban para que tuvieran poderes extraordinarios.

La finalidad era convertir a la víctima en una especie de robot sin el instinto del miedo, para que así pudiera realizar cualquier tarea, como asesino programado mentalmente, soldado suicida –semejante al caso de la chica del programa televisivo *Nikita*–, esclavo sexual, entre otros.

Otros autores que escriben sobre estos temas relatan detalladamente los suplicios a que supuestamente eran sometidas estas inocentes criaturas, pero no sólo en Montauk, sino en diferentes bases y a veces en lugares apartados o en iglesias.

A las niñas las preparaban para convertirlas en esclavas o agentes sexuales, usándolas para transmitir mensajes que sumergían en su subconsciente, y que se activaban después de escuchar una clave, que podía ser una tonadilla infantil o cualquier cosa relacionada con una historieta de niños, como ciertas palabras de los personajes o un muñeco de peluche, un dibujo, una caricatura, etcétera.

Por ejemplo, hoy, debido al Proyecto Monarca, se usan mucho las mariposas monarcas; es por esto que su imagen aparece con más profusión en los anuncios y medios televisivos. Incluso se dice que muchas víctimas de este programa —de forma inconsciente— se tatúan la mariposa monarca o la usan como logotipo. Aparentemente, esta imagen es una especie de "detonador" para despertar a las víctimas, con el fin de que comiencen la tarea para la que se les preparó y que tienen imbuida en el subconsciente.

Algunas funciones de las víctimas de este proyecto es sembrar desinformación, cometer actos criminales, o simplemente exhibir el símbolo para que otras víctimas empiecen a movilizarse.

Los niños seleccionados para sobrevivir debían tener las características de la raza aria. Los de ojos verdes y pelirrojos se entrenaban generalmente para participar en rituales satánicos, haciendo el papel de gran sacerdote o sacerdotisa. Los niños o jóvenes de otras razas eran asesinados fren-

te a los escogidos para aterrarlos y para hacerles pensar que igual sería su destino si no acataban las órdenes.[36]

Extraños acontecimientos e identidades suplantadas

Al Bielek, otro involucrado en el caso Montauk, dice haber nacido en 1916 como Edward A. Cameron, hijo de Alexander Duncan Cameron, padre también de su hermano Duncan Cameron Junior (hijo de otra madre) nacido en 1917.

Tanto su padre como su hermano, así como otro hermano menor, llamado Jim, trabajaban en la Marina de Estados Unidos. Duncan y Edward estudiaron en universidades diferentes, pero ambos obtuvieron el doctorado en Física. En la Naval fueron asignados a trabajar en un programa conocido como Project Invisibility, cuyas oficinas se localizaban en el Filadelfia Navy Yard.

Desde enero a octubre del año 1941, tanto Edward como su hermano Duncan fueron enviados a trabajar a bordo del USS Pennsylvania, hasta que éste atracó en Pearl Harbor. En diciembre de 1941, con Duncan, recibió órdenes de continuar nuevamente en el Project Invisibility, conocido después como Project Rainbow, y después como Proyecto Filadelfia.

De acuerdo con Bielek, una vez realizado el frustrado experimento Filadelfia, donde desapareció el barco USS Eldridge, él (entonces Edward) y Duncan saltaron del buque

---

[36] Lo terrible de esto, de acuerdo con otros que igual que Nichols comienzan a recordar algo de su pasado, es que todavía se están practicando experimentos en varias bases secretas. Para más información sobre estos temas, ver los libros de David Icke, Fritz Springmeier, Stewart A. Swerdlow, Cathy O'Brien y Mark Phillips, cuyos títulos aparecen en la bibliografía, mismos de los que se extrajo esta información.

con intención de nadar hasta la bahía, pero en vez de caer al agua se sintieron atraídos hacia un túnel y luego aparecieron en una base militar que resultó ser Montauk, en Long Island, aunque no sabían lo que era en ese momento.

Saltaron del Eldridge el 12 de agosto de 1943, pero cuando llegaron a Montauk, en sólo unos minutos para ellos, era el 12 de agosto de 1983. Habían transcurrido 40 años y ya se estaba desarrollando otro proyecto llamado Phoenix, ya no existía el Proyecto Filadelfia.

Fueron avistados por un helicóptero, aunque en ese momento no sabían qué era, porque al dejar 1943 los helicópteros estaban por desarrollarse.

Unos policías militares los apresaron y trasladaron intraterrenamente ante el doctor von Neumann, a quien acababan de dejar con apariencia joven hacía una hora en 1943, y no como la persona mayor que tenían enfrente. El doctor von Neumann les informó que el Eldridge estaba aún en el hiperespacio y la burbuja que le rodeaba aumentaba continuamente de tamaño.

Agregó que desde Montauk podían apagar el equipo del barco, pero debido a que aún estaba funcionando y alimentando la burbuja en el hiperespacio, y como el barco tenía combustible almacenado para mantener el generador activado por treinta días, existía el peligro de que la burbuja creciera hasta absorber el planeta entero. Había, por lo tanto, necesidad de detenerlo y se decidió enviar a Edward y a Duncan para desbaratar el equipo como pudieran.

Los enviaron al buque a través de un túnel semejante a una máquina del tiempo. Von Neumann les aclaró que, de acuerdo con sus registros de 1983, ya se había destruido el equipo, pero no había ocurrido realmente, por lo que ellos debían regresar a hacerlo.

Los dos experimentos en el tiempo, con 40 años de separación, se juntaron y crearon un agujero en el hiperespacio que succionó al Eldridge. Les dijo que el resto del personal estaba aún a bordo, encerrado en la burbuja que rodeaba el barco, y ya que el Proyecto Phoenix (ya no se llamaba Rainbow) tenía control total del tiempo, tenían la posibilidad de regresarlos a 1943. Y así lo hicieron.

Antes de volver a 1943, el doctor von Neumann acompañó a los hermanos en un recorrido por Montauk, donde se sorprendieron de la tecnología, desconocida para ellos en 1943, como las computadoras, grabadoras, televisión a color y otros elementos propios del tiempo al que habían llegado.

Al regresar a 1943, destruyeron con hachas todo lo necesario hasta lograr apagar los generadores, así el barco pudo volver a su lugar en la bahía, y los testigos de 1943 percibieron esto como si sólo hubiera transcurrido poco más de una hora.

Es decir, en 1943 el barco desapareció de la vista sólo un rato, pero en el tiempo estuvo ausente durante 40 años en el hiperespacio y con el peligro de que se produjera un daño irreparable en nuestro planeta. Se evitó la catástrofe gracias a que los hermanos Cameron regresaron en el tiempo para destruir los generadores, los transmisores y otros equipos del USS Eldridge. Esto se explica porque la realidad es relativa y el tiempo no existe de forma lineal como lo interpretamos.

Después de acabar con el equipo, Duncan tenía órdenes de regresar a 1983, por lo que saltó nuevamente del barco, pero Edward se quedó. En el momento en que el barco apareció en la bahía, estaban los tripulantes incrustados en el acero, entre ellos su hermano menor Jim, que murió entre gritos y llantos.

Duncan desapareció en el futuro, y también otras personas que saltaron en el momento preciso. Edward no saltó porque quiso quedarse junto a su hermano Jim, que murió en sus brazos mientras él sólo podía abrazarle los hombros y la cabeza, que era todo lo que asomaba de entre el acero de la cubierta. Así es como el Eldridge reapareció en Filadelfia.

Edward describió el siniestro cuadro: había dos hombres empotrados en la cubierta de acero, dos enquistados en los muros, un quinto hombre con la mano embutida en el acero. A éste le cortaron la mano y vivió después con una mano artificial. La gente corría totalmente desquiciada y algunas personas aterradas sufrían procesos de materialización y desmaterialización, desaparecían ante la vista y luego aparecían nuevamente, totalmente en pánico.

Unos cuantos estaban ardiendo en llamas pero sin consumirse y todos estaban desorientados. Los únicos no aturdidos fueron los que estaban bajo cubierta, entre ellos Edward y su hermano Duncan.

Alrededor de seis días antes del experimento se vieron tres ovnis observando lo que estaba sucediendo en el USS Eldridge. Cuando el barco desapareció, uno de los ovnis también se perdió con él para aparecer después en las instalaciones subterráneas de Montauk.[37]

Los extraterrestres trabajaban de forma visible en el Proyecto Phoenix, asistiendo en la elaboración de los túneles del tiempo. Fueron ellos los que dieron la fecha de agosto 12 de 1943 para el Experimento Filadelfia, porque —según informaron los extraterrestres a Nikola Tesla y éste a los miembros del gobierno responsables del programa— el 12

---

[37] Bielek cree que el ovni que apareció en Montauk era de un grupo de extraterrestres que se oponían al proyecto, porque los militares se lo apropiaron para luego desmantelarlo.

de agosto de cada veinte años los biorritmos del planeta se elevan a los puntos más álgidos y se hace posible abrir un vórtice en el tiempo. Existe una efusión extraordinaria de las energías magnéticas de la Tierra en esa fecha, lo cual hizo posible la creación de un campo de hiperespacio que absorbió al acorazado durante el experimento de 1943.

Al producirse la sincronización de cuatro biorritmos esto provoca cierta configuración que, con la manipulación energética realizada desde la Tierra con el experimento Filadelfia, los extraterrestres usaron para abrir un portal por el que comenzaron a llegar de forma masiva a nuestro planeta. Ellos requerían esta especial sincronización con los campos energéticos de la Tierra para producir un empate simultáneo en el espacio tiempo (uniendo los dos experimentos, el de Filadelfia en 1943 y el de Montauk en 1983). De esta manera pudieron abrir el agujero en el espacio tiempo para introducir a un gran número de extraterrestres.

Un reducido número de extraterrestres ya estaba aquí desde hacía mucho tiempo, pero después del Proyecto Filadelfia comenzaron a llegar en grupos enormes. Llegaban en grandes naves que estacionaban en órbita, luego en naves más pequeñas. Literalmente, invadieron la Tierra.

Construyeron una gran base submarina en el atolón de Bikini, en el Pacífico. Algunos miembros de buena fe del gobierno, que para esto ya conocían las intenciones hostiles de los extraterrestres, averiguaron que la base ya contaba con alrededor de medio millón de ovnis, y fue entonces cuando comenzó la Operación Crossroads, que oficialmente eran pruebas nucleares en el Pacífico, pero en realidad se trató de un ataque a la base de los extraterrestres.

De este episodio, Edward (hoy Al Bielek) dice tener fotos en las que se puede apreciar ovnis tratando de escapar en el momento del destello del neutrón, antes de la formación del hongo provocado por el estallido de las bombas.

En teoría, en 1934, el entonces presidente de los Estados Unidos, Franklin D. Roosevelt, firmó un acuerdo con los grises, después de haber rechazado a los pleyadanos que insistían en el desarme, porque esto no se avenía a los intereses del gobierno. En vista de esto, los pleyadanos se unieron con los nazis y les proporcionaron la tecnología para construir naves espaciales.

Estos eran los mismos aparentes pleyadanos "benevolentes" operando desde Marte, que estaban en contacto con Nikola Tesla, a quien alertaron sobre lo peligroso de realizar el Proyecto Filadelfia, pero la Inteligencia Naval —que fue avisada— ignoró la advertencia. Sin embargo, Tesla abandonó el programa y trató de sabotearlo para evitar una alteración en el espacio y la pérdida de vidas que habría como consecuencia.

Después de 40 años salió a la luz que aun después de la ominosa experiencia no se suspendió el proyecto, sino que continuó de forma encubierta, aparentemente por agentes aliados con nazis, que formaban parte de los Illuminati de Bavaria, Alemania. Estos son los mismos que por medio de su logia oculta, la Sociedad Thule de Bavaria, crearon el imperio nazi.

Según esta versión, los experimentos, entre otros de alta tecnología, involucraban portales espacio-temporales y control mental masivo con microondas que, como hemos visto, se hacían en la base subterránea en Montauk Point.[38]

---

[38] En esos momentos, los fascistas se habían apoderado de la tecnología y eran asistidos completamente por los grises. La intención original, que supuestamente era positiva, se había perdido y el nuevo objetivo de los grises fue encaminar todo para establecer un imperio nacional socialista en un Nuevo Orden Mundial.

Cuando se "canceló oficialmente"[39] el proyecto en 1948, Edward fue suspendido del Ejército, le lavaron el cerebro, borrándole todos sus recuerdos; le dieron una nueva identidad y un nuevo cuerpo. Perdió la memoria, a su familia y su identidad como Edward Cameron y reapareció como Albert Bielek. Por esto Edward se percibe como un *walk in*[40] del cuerpo de Al Bielek, que sucedió por medio de la tecnología extraterrestre que en teoría emplea el gobierno para eliminar todo rastro de la existencia de alguien que considera peligroso para sus fines.

La forma en que se llevó a cabo esto fue haciendo que el alma de Edward entrara al cuerpo de un niño de un año, que había fallecido por causas naturales, y es así que comienza la vida de Al Bielek.[41]

Para allegarse la tecnología, los nazis tuvieron que pelear contra la Inteligencia Naval. Esta lucha se llevó a cabo intraterrenamente, después de la invasión aliada a Alemania.

Se dice también que el almirante de la Naval, Richard E. Byrd y cuatro mil hombres de la Naval, alrededor de esa fecha, intentaron destruir una base nazi subterránea llamada Nueva Berlín, ubicada en la Antártida. Dicha base estaba habitada por unos dos mil científicos nazis y alrededor de un millón de empleados y esclavos de los campos de concentración, prisioneros que misteriosamente desaparecieran de Alemania durante la guerra.

La guerra secreta entre ambos grupos se presupone continúa hasta el día de hoy en el complejo militar de Nevada, siendo las dos fuerzas opuestas la "Com-12", de la Inteligencia Naval —que se cree mantiene contacto con los pleyadanos— contra el culto "Acuario" de la Sociedad de Thule de la CIA, que supuestamente tiene lazos con los reptiles grises.

[39] Después de este experimento, los organizadores designaron un equipo para continuar en otro lugar, el cual incluyó a von Neumann, Le Bon, Hal Bowen, Batchelor y otros. Von Neumann también trabajó en el proyecto de la bomba atómica, con Oppenheimer, en Los Álamos, Nuevo México.

[40] Los *walk in* son entes que entran al cuerpo de una persona, generalmente contra su voluntad.

[41] Albert Bielek ha recibido innumerables ataques por esta singular historia de la que asegura haber sido protagonista, aunque también se le critica por li-

Ahora, según afirma, tiene una nueva vida y una nueva familia. Asistió a la escuela de ingeniería en 1958 y se retiró en 1988, le tomó cerca de 50 años recuperar parte de su vida, lo que sucedió gracias a una serie de coincidencias que explica así:

Una vez se cruzó por la calle con alguien que le pareció sumamente familiar, pero no recordaba dónde lo había conocido. Resultó ser Duncan Cameron (quien había sido su hermano cuando Al era Edward).

---

garse con otro grupo llamado los *wingmakers* (Creadores de Alas), que afirman proceder de nuestro futuro.

En un programa radiofónico en Estados Unidos aseguró haberlos conocido en el año 2749, y esto ha sido otro punto debatido con el que se intenta poner en duda la historia relacionada con el Eldridge y con Montauk, siendo esta última por la que Al Bielek es más conocido.

Según la historia de los *wingmakers*, a fines de noviembre de 1998, una serie de e-mails fue enviada a los diferentes grupos de la comunidad de investigadores ovni, preguntando si ya conocían el portal www.wingmakers.com, y qué opinaban de su contenido.

Los e-mails estaban firmados por un individuo llamado Mark Hempel, que decía haber sido contratado para crear el portal, pero temía involucrarse en algo que pudiera ser fraudulento y estaba interesado en conocer la opinión de expertos en el tema. Según Hempel, la información le era enviada a través de una intermediaria y él asumía que procedía de extraterrestres benevolentes del futuro.

La información que refieren los *wingmakers* es que 800 años a.C. una civilización extraterrestre dejó en nuestro planeta una cápsula de tiempo, esto es, un recipiente en el cual se introdujeron objetos de uso cotidiano y documentación, con el fin de que quedaran como testimonio para el futuro.

En 1971, supuestamente, se encontró la cápsula, y su contenido arrojó algunas sorpresas respecto a nuestro destino. El origen del material de los *wingmakers* es un misterio. Sin embargo, en febrero de 2001, un individuo llamado James declaró ser el creador de todo el contenido del sitio.

James se define como un maestro, miembro de la orden conocida como lyricus, de los *wingmakers*, que ha existido desde antes de la creación del planeta. Según James , para que la humanidad esté consciente de su historia, ahora ha encarnado en la Tierra para traducir los materiales contenidos en la cápsula.

Después también recordó haber visto a otras personas cuyas caras le resultaban conocidas pero no podía ubicarlas con precisión; todas resultaron ser excompañeros de trabajo; todos estos individuos se reunieron y entre todos armaron el rompecabezas, y entonces se dedicaron a comprobar la realidad de los experimentos en los que habían participado.

Antigua base aérea

Una de las personas que conoció Al Bielek fue a Preston Nichols (quien también había perdido noción de su pasado) y después, con varios de los involucrados, pudieron ir recordando su martirio, especialmente después de ver la película *The Philadelfia Experiment*, basada en el libro de Charles Berlitz, quien a la vez se apoyó en las investigaciones de Morris K. Jessup, a quien mencionamos anteriormente.

Una vez que Nichols y Bielek recordaron todo lo que estaba sepultado en su subconsciente, lograron conectar el Experimento Filadelfia con el de Montauk, Long Island, en New York. Otros involucrados declaran haber recordado sus experiencias después de someterse a hipnosis regresiva y con la ayuda de psíquicos.

Otra información interesante aportada por Preston Nichols, Al Bielek y Duncan Cameron explica que a pesar de que el Proyecto Filadelfia fue fatídico para el planeta, los que lo ejecutaron, después de 1943, continuaron desarrollándolo bajo otros nombres en los Laboratorios Nacionales de Brookhaven.

En dichas instalaciones, el doctor John Erich von Neumann y sus colegas siguieron con el programa de invisibilidad y de control mental, uniendo algunos conceptos que ya tenían con el proyecto de radio-sonda que fue diseñado por Wilhelm Reich para reducir la gran cantidad de *dor* (siglas de *deadly orgone*, que significa orgón mortal), que es el resultado de la energía de orgón entrando en contacto con una fuente radioactiva que es letal para la vida del ser humano.

La idea de Reich era reducir la intensidad de los ciclones y, efectivamente, con la radio-sonda se logró este objetivo, por lo que el gobierno empezó a lanzar a la atmósfera alrededor de 200 a 500 aparatos diarios con el aspecto de una pequeña caja blanca atada a un globo.

Las fuentes oficiales decían que se trataba de un aditamento para recoger datos meteorológicos, pero la verdad es que era para convertir la energía eléctrica en energía etérica.

Después se unieron ambos esquemas (invisibilidad con radio-sonda) para el desarrollo de sistemas de control mental. El gobierno rechazó el programa pero los militares lo encontraron útil para sus propósitos y destinaron la antigua base aérea de Montauk para que allí se trasladaran von Neumann y sus colegas para continuar con sus investigaciones; así fue como se comenzó con el Proyecto Phoenix 2, que de 1969 a 1979 sólo estuvo dedicado a investigar cómo influir en la mente humana.

De acuerdo con esto, para el experimento recogían indigentes de la calle y los colocaban como a 250 pies de una antena, para después lanzarles rayos con una potencia equivalente a un gigavatio (mil millones de vatios), con lo que acababan con las funciones cerebrales del sujeto, le producían irreparables daños neurológicos y perforaban sus pulmones.

Para este macabro experimento dirigido por el doctor John von Neumann y Jack Pruett, se usaron numerosos individuos de los que muy pocos llegaron a sobrevivir. Con

los experimentos lograron saber exactamente cuáles eran las medidas frecuenciales apropiadas para afectar la mente de un individuo sin matarlo.

Este proyecto se costeó con parte del famoso oro nazi (alrededor de mil millones de dólares) que llegó del gobierno alemán. En 1944 este oro fue transportado en tren por una tropa norteamericana en Francia, que al atravesar un túnel explotó, matando a 51 soldados americanos. Una década más tarde el oro apareció en Montauk, y se usó para financiar los Proyectos Phoenix 2 y 3.

En la base Montauk, según revela Preston Nichols en sus libros (cuyos títulos aparecen en la Bibliografía), había una silla construida en 1974 con tecnología extraterrestre (de Sirio) que era un amplificador de la mente, capaz de leer y traducir los pensamientos a imágenes. Literalmente, podía proyectar pensamientos, recoger las funciones electromagnéticas del humano y traducirlas de una forma tangible.

Personal del gobierno sentaba allí a personas especialmente entrenadas para que produjeran formas de pensamiento. Fue así como lograron que Duncan Cameron (uno de los psíquicos más poderosos del Proyecto Montauk), sentado en la silla, produjera un vórtice que conectaba 1947 con 1981; es decir, un túnel del tiempo por el que podían trasladarse de una época a la otra.

Esta máquina del tiempo empezó a funcionar completamente desde 1979 ó 1980. El túnel era una espiral iluminada, y al caminar por ella se sentía la atracción de un tiempo y espacio diferentes. Para experimentar, obligaron a una gran cantidad de niños a viajar por allí. Muy pocos regresaron.

Revela Nichols también que muchos reclutas fueron enviados hasta el año 6030 d.C. y siempre llegaban al mismo lugar, una ciudad devastada donde había una estatua ecuestre hecha de oro puro.

A decir de Nichols, una vez que se estableció la conexión hacia el futuro, la línea quedó fija en ese punto, por lo cual, lo que es el presente ahora no puede ser alterado, esto significa que cualquier cosa que realiza un individuo en el punto más extremo del pasado es lo que estará repitiendo continuamente.

En los experimentos que siguieron realizando los científicos, pudieron hacer llegar a sus viajeros hasta el año 10000 d.C., y parece que después de ese punto existe un bloqueo, aunque también hay otro muro al llegar al año 2012, fecha que coincide con vaticinios de diferentes fuentes sobre el final de los tiempos. No obstante, se presume que esta barrera está construida con la energía del miedo que produce la gente que cree que efectivamente algo fatídico sucederá entonces.

En los viajes, los protagonistas pudieron constatar que tanto en la Luna como en Marte ya existían bases establecidas como resultado de un programa conjunto entre Estados Unidos y Rusia.

De hecho, en una entrevista comentan que cuando en 1969 llegaron los primeros astronautas a la Luna, fueron recibidos por una flotilla de naves espaciales propiedad del gobierno estadounidense.

Los experimentos en Montauk

Michael Ash, otro supuesto sobreviviente de Montauk, explica que las víctimas en su mayoría son miembros de familias involucradas con las fuerzas especiales militares o con la red francmasona.

Proporciona muchos datos y explica que existen dos facciones distintas que están involucradas en una "guerra de tiempo" por las instalaciones de Montauk y su tecnología. Dice también que los miembros de la Fuerza Delta (fuerzas especiales del gobierno estadounidense) tienen "cinturones" que les permite volverse invisibles, incluso son transdimensionales, para viajar en el tiempo.

En cuanto a los experimentos que se realizaron en Montauk, enumera algunos que parecen salidos de libros de ciencia ficción, pero tanto él como los otros sobrevivientes aseguran que todo está apegado a la realidad:

- Materializar objetos con el poder del pensamiento y realizar operaciones como duplicar un animal o un objeto. Duncan Cameron, a mediados de la década de 1980, hizo real una forma de pensamiento con el fin de sabotear los proyectos de Montauk. La forma que se materializó fue una bestia a la que llamaron "Junior".
- Controlar la mente de las personas. Este es un experimento llamado *dreamsleep* o *deepsleep*, que además de condicionar la mente de las personas, puede grabar sus sueños en audio y a color.
- Realizar proyectos extraterrestres o intraestelares. Entre estos existen referencias de ataques a Rigel y Aldebarán usando el vórtice de Montauk. Según algunas fuentes, los extraterrestres proporcionaron las coordenadas de un mundo nórdico en Altair Aquila habitado por grises que intentan controlar las fuerzas formadas por militares del gobierno secreto y extraterrestres opositores. Estos últimos, que son los que trabajaban en Montauk, crearon allí un portal

estelar desde donde movilizaron sus fuerzas en Alpha Draconis, anexándose al Imperio Draconiano, formado por agentes de Draco que tienen colaboradores humanos, incluyendo también las Fuerzas Ashtar, que trabajan intraterrenamente dentro de grandes complejos debajo de la pirámide de Giza; en la base de Malta; la frontera oeste de Alemania; la base de Dulce ubicada en Nuevo México; y también en la base de Montauk.

Según Al Bielek, se está llevando a cabo una gran operación oculta dentro de este imperio subterráneo que incluye bases militares intraterrenas, donde grises y dracos —que son los que controlan— trabajan conjuntamente con humanos corruptos.

Michael Ash asegura que existe una gran interacción entre los extraterrestres de Alpha Draconis, Rigel Orión, Sirio-B y Aldebarán. Algunos de Aldebarán son pleyadanos nórdicos que estuvieron unidos a los nazis por medio de la Inteligencia Ashtar de Giza Kamagul-II. Estos pleyadanos son los que se unieron con las razas germanas y escandinavas.

No se sabe con certeza si hoy los que controlan son los nórdicos o los insectoides. En Montauk había grises altos de Zeta Reticuli, así como dracos que controlaban la mayor parte de los proyectos, aunque también había extraterrestres de Vega, unos rubios y otros pelirrojos.

Los vórtices que existen en Montauk son portales para viajar en el tiempo. Están formados por varios niveles dentro de una enorme cámara en el subsuelo con forma de dos triángulos invertidos. A veces, desde Montauk, a través de este portal, se enviaban jeeps, equipo militar, artillería pesada y distintos equipos hacia otras dimensiones.

Los niveles que existen en Montauk son ocho. El nivel cuatro es el más grande, y desde allí se accede intraterrenamente a la Base Dulce y a otras instaladas en diferentes lugares.

Captura de almas

Stewart Swerdlow, también supuesto sobreviviente de Montauk, es autor de varios libros, entre ellos *Montauk: The Alien Connection*, en el que asegura que el gobierno de Estados Unidos tiene alianzas con extraterrestres que han proporcionado secretos tecnológicos, tan avanzados, que les permite, entre otras cosas, sacar el alma de un cuerpo y transportarla a otro. En este libro habla de las distintas especies extraterrestres y cuáles son sus planes para la Tierra.

Según Swerdlow, él también estuvo a bordo del USS Eldridge durante el Experimento Filadelfia en 1943, sólo que entonces era Johannes von Gruber y pertenecía al Tercer Reich. De acuerdo con su versión, en el momento en que el barco fue succionado en el hiperespacio, saltó, y por error aterrizó en el año 1960, dentro de unas instalaciones intraterrenas.

Este lugar era Montauk, pero él no lo sabía entonces. Las paredes eran de piedra gris y había una enorme área de agua subterránea con muelles sumergidos, donde atracaban naves. Lo recibieron dos grises y un militar americano que lo llevaron ante otro alemán.

Le dijeron que los alemanes habían perdido la guerra y que toda su familia había muerto; luego lo ataron a una silla y un extraterrestre de aproximadamente siete pies de estatura, delgado, de tez blanca, con grandes ojos azules y barba puntiaguda, lo electrocutó. En el momento de morir, vio toda su vida ante sí como en una pantalla cinematográfica.

También pudo ver Ángeles, a los que describe como seres auxiliadores diferentes a los extraterrestres. Pero quizá por su grado de conciencia no fue ayudado en ese momento, y los extraterrestres, una vez que desalojó el cuerpo de von Gruber, capturaron su alma y lo colocaron dentro del cuerpo de un infante que llegaba para formar parte de una familia norteamericana de origen judío-ruso, y así fue como llegó de nuevo a este mundo con el nombre de Stewart Swerdlow. En estos casos, el alma original del bebé probablemente queda aplastada sin poder manifestarse.

Este relato, como vemos, es semejante al de Edward Cameron, que se considera un *walk in*[42] del cuerpo de Al Bielek. Swerdlow asegura que con regularidad se emplea el programa dedicado a capturar almas; es decir, sacan el alma de determinadas personas y la colocan en cuerpos de bebés que nacen dentro de familias especialmente seleccionadas.

Muchos nazis fueron acomodados en cuerpos nuevos de esta manera, especialmente en cuerpos judíos. Según esto, los que forman el gobierno oculto conocen esta tecnología desde hace mucho tiempo y la usan para sí mismos.

Stewart explica que la familia real británica la usa, así como otras familias de los Illuminati. De esta manera, cuando un cuerpo ya está viejo y desgastado, instalan el alma en uno nuevo dentro de la misma línea genética. Esta tecnología es de Sirio pero los entes del sistema estelar Rigel la

---

[42] El término *walk in* o *wanderer* se refiere a un visitante inesperado. Es un ente que entra al cuerpo de una persona, generalmente contra su voluntad. En algunos casos, se posesiona porque la persona hace un pacto con la entidad para que ocupe su cuerpo, o porque se ofrece como canal o vehículo. También se refiere a personas víctimas de desalojo del alma y poseídas por un extraterrestre. Antes a estas entidades se les llamaba demonios y las víctimas eran poseídas, porque tanto el demonio como el *walk in* violan el libre albedrío del individuo.

conocen y emplean. Clonan muchos cuerpos y después capturan almas astrales y se las insertan.

Swerdlow cree que fue implantado en el útero de su madre para formar parte de un programa conjunto entre extraterrestres y el gobierno secreto. Desde muy pequeño comenzó a ser abducido y llevado a instalaciones militares ubicadas fuera de la Tierra. Ahí se le informó que el plan es reducir la población mundial, por lo que igual que a él, se abduce a muchos humanos seleccionados para enviarlos a colonias parecidas.

En otro de sus libros *Blue Blood, True Blood* (*Sangre verdadera, sangre azul*) asegura haber nacido con facultades extrasensoriales que le permiten percibir las actividades encubiertas que realizan extraterrestres conjuntamente con el gobierno secreto, así como también puede hablar una lengua interdimensional para comunicarse con seres conscientes intergalácticos.

En sus libros y entrevistas habla de las abducciones de las que ha sido víctima y de las angustiosas experiencias a que ha sido sometido bajo su nueva personalidad. A decir de él, su cuerpo es el resultado de un experimento genético para el que se empleó ADN de 22 especies diferentes de entidades de esta galaxia, lo que le ha dado ventaja sobre otros seres humanos y el cargo de Embajador de la Federación de Planetas, que está conformada por 120 miembros de diferentes planetas.

De hecho, asegura también que existe una estación espacial de la Federación de Planetas, que es un sistema para los refugiados de la civilización de Lyra.[43] En dicha estación,

---

[43] Los lyranos, en el pasado, fueron atacados y destruidos por los reptiles; luego, los lyranos colonizaron otros sistemas solares, pero los reptiles los per-

a la que fue conducido, un extraterrestre de estatura baja y pelo oscuro, que representaba a la Federación de Planetas en esta galaxia, le informó que a la Tierra se le invitaría a formar parte de esta federación si logra repeler la invasión de los reptiles, pero el hecho de que las armas de partículas de rayos y las instalaciones Haarp estén bajo el control de los Illuminati, haría difícil que otra civilización extraterrestre ayudase a nuestro planeta.

Características y relaciones extraterrestres

Por las revelaciones de este supuesto ex integrante de la Alemania nazi, se pudo saber que los extraterrestres tienen diferentes armas láser de fusión nuclear o armas sónicas con la capacidad de romper un cráneo y extraer todos los líquidos de un cuerpo. Los grises no tienen sistema digestivo. Absorben nutrientes y los excretan por la piel. Recogen fluidos y órganos de los humanos y luego los guardan en tanques en los que se sumergen o nadan durante varias horas para impregnarse de la energía de los nutrientes.

En el pasado, los grises crearon entidades para que coleccionaran los fluidos. Estos entes, en teoría, son los vampiros, los íncubos y los súcubos, a cuya existencia se refieren las leyendas de las diferentes culturas.

La potencia de los fluidos recogidos se pierde con los rayos del sol, por lo que comenzaron a colectarlos durante la noche. Esto explicaría en parte, las leyendas de los vampi-

---

siguieron por todas partes hasta que finalmente se entabló una lucha entre ambos en el planeta Tierra.

ros. Hoy, según estos sobrevivientes, para esta misma función, los extraterrestres usan a las criaturas conocidas como "chupacabras". Otros explican que los luciferinos están tratando de controlar a la humanidad y utilizan a los Illuminati para lograrlo. Hacen experimentos genéticos con seres humanos, alterando su ADN para que desarrollen más características reptiles.

El grupo luciferino en particular, tiene mucho poder en la Tierra, afirma Swerdlow, ya que pueden curvar el tiempo y espacio de tal forma que en una abducción, ni el secuestrado ni los que están junto a él perciben que ha pasado el tiempo o que la víctima ha desaparecido.

Con esta tecnología pueden enviar a alguien al pasado o al futuro en cualquier momento y en cualquier lugar de la Tierra[44] o fuera de ella. Cada punto en el espacio temporal tiene una vibración especial y si se logra igualar esa frecuencia, instantáneamente se puede estar allí.

Los Illuminati, de los que supuestamente forman parte los *bilderbergers* y los francmasones, están aliados con algunos entes de Sirio que son reptiles y draconianos, pero estos no son originarios de Sirio, aunque la tecnología que usan sí es de allí. Quienes forman este grupo de los Illuminati son descendientes directos de los reptiles.

Swerdlow presupone que los reptiles y draconianos son originarios de los sistemas solares Orión y Draco, pero los sirios, que tienen la apariencia de humanoides altos, de tez blanca, lampiños, de ojos azules, están coludidos con ellos.

---

[44] A este grupo posiblemente se refería Jesús cuando dijo: "Ahora va a ser juzgado el mundo; ahora el Príncipe de este mundo va a ser lanzado fuera." Juan 12:31; también podría referirse a esto cuando en Juan 14:30 dice: "Ya no hablaré muchas cosas con vosotros, porque viene el Príncipe de este mundo. En mí no tiene ningún poder."

A su parecer, los de Sirio tienen la tecnología para crear naves holográficas y enseñaron este sistema a los militares, que lo emplean como parte del Proyecto Blue Beam de la NASA.

Con esta técnica pueden diseñar cualquier tipo de hologramas, y de hecho, supuestamente ya existe un intrincado programa de computadora que será proyectado desde un satélite para simular la llegada de Maytreya, y para escenificar una invasión "extraterrestre". Todo esto, aparentemente, es para que el mundo acepte a los extraterrestres como salvadores y así someter a la humanidad al Nuevo Orden Mundial.

En una entrevista se le preguntó a Swerdlow sobre la nave espacial Starfleet Internacional,[45] a la que hace referencia Branton en su libro *Secrets of the Mojave*, y confirmó que efectivamente esta nave está relacionada con el conflicto entre híbridos y reptiles originales que cambian de apariencia a voluntad, dejándose ver como humanos cuando les conviene. Estos son los que en la literatura extraterrestre se conocen como *shapeshifters* (metamorfoseados o transformada su apariencia en reptil). Los híbridos son 50 por ciento humanos y 50 por ciento reptiles.[46]

---

[45] *Starfleet International* parece ser una nave espacial dirigida por militares del gobierno que colaboran con la Federación Unida de Planetas (*United Federated Planets*) que es comandada por reptilianos y grises. Sin embargo, existe otra versión que asocia a la Federación Unida de Planetas con extraterrestres benevolentes que trabajan con un grupo de oficiales gubernamentales de buena fe, mientras que el gobierno oculto trabaja para el imperio romano bávaro que tiene vínculos con los *reptiles* y los grises. Más información sobre este tema puede encontrase en el libro *Secrets of the Mohave* de Branton, o en http://wyzwyrld.com/branton/mohave/Branton_Secrets_of-the-Mojave-8.html

[46] Una teoría de Stewart sobre los reptiles sostiene que son andróginos y que la historia de Adán y Eva se refiere a cuando el cuerpo del reptil se separó, formando el componente masculino y el femenino.

Traslación de conciencia

Otra víctima de la manipulación fue dada a conocer por Karla Turner, de quien hemos hablado con anterioridad, cuando relata la historia de Ted Rice, un sencillo joven del estado de Alabama que tuvo varias experiencias con sus "guías espirituales" Raphael, Sharon y Volmo, que lo condujeron a desarrollar sus habilidades psíquicas.

A través de sueños vívidos lo dirigieron de forma muy objetiva, indicándole a qué ciudad mudarse, en qué empresa solicitar trabajo y lo manipularon para que se fuera desenvolviendo de acuerdo con los planes que tenían para él.

En un principio, Ted creyó que se trataba de Ángeles que lo estaban transformando en un "trabajador de la luz", pero su vida, llena de angustia, comenzó a desmoronarse porque recibía una decepción tras otra; además, tenía horrendas visiones catastróficas, visitas nocturnas y muchas vivencias aterradoras, a veces compartidas con sus amistades, por lo que buscó la ayuda de Bárbara Bartholic, hipnoterapeuta de Tulsa, Oklahoma, quien por medio de la Terapia de Regresiones pudo comprobar que Ted había sido víctima de abducciones extraterrestres desde que era niño.

Después fue apoyado por Karla Turner, que en el libro *Disfraz de Ángeles* recoge su espeluznante historia de terror

---

En esta teoría, los *Neanderthals* fueron un prototipo humano que se creó y luego fue eliminado y sustituido por el *Cro-magnon*, que a su vez también fue destruido y sustituido por el *Homo Sapiens*.

Otras teorías sobre la prohibición del consumo del fruto del árbol prohibido en el jardín del Edén refieren que el alimento vedado se trataba de plantas alucinógenas que al ser consumidas acelerarían las facultades psíquicas de manera descontrolada, afectando las neuronas del cerebro e iniciando así un proceso irreversible de muerte que ni los extraterrestres podrían detener, lo que conduciría a abortar el proyecto humanidad.

y decepción, porque lo que en un principio Ted creyó eran seres de luz, resultaron ser malévolas entidades que según él, eran extraterrestres.

Su historia involucra tanto a los extraterrestres "malos" como a los "buenos", pero por sus acciones, independientemente de que parecen trabajar en conjunto, se puede deducir que los dos grupos son formados por entidades egoístas y sin ningún asomo de compasión por el ser humano.

La vida de Ted, desde sus primeros años, fue orquestada por entes malignos que lo manipularon para que tuviera características paranormales. Una de sus abducciones fue cuando tenía alrededor de ocho años. Fue secuestrado por grises y llevado a una nave y en un cuarto parecido a un laboratorio lo pararon contra una plataforma metálica, donde fue examinado por una mujer pelirroja, vestida con bata blanca y con los labios pintados de color oscuro.

Había un silencio espectral en el ambiente que se sentía inundado de energía anti-vida, carente totalmente de cualquier vibración. Lo desvistieron a la fuerza y sometieron a un tipo de rayos X, al parecer para revisar algo que le habían hecho en alguna abducción anterior. Luego inclinaron la plataforma en posición horizontal a modo de cama y los grises le colocaron una especie de audífonos que emitían chirriantes y atormentadores ruidos. Después de esto, la mujer lo obligó a tomar un extraño líquido verde que le provocó un insoportable ardor intestinal, náuseas y vómito.

Pudo verse separado de su cuerpo que yacía sobre la plataforma y comenzó a salir una especie de masa nebulosa que se transformó en una bella imagen de él mismo, la cual dirigió la vista hacia la pelirroja y le envió sentimientos de perdón y de amor.

La pelirroja volteó el cuerpo inerte de manera que quedó boca abajo y le colocó una caja negra sobre los hombros. Activó unos cables de la caja y la forma espiritual de Ted que emitía sensaciones de amor, fue succionada dentro de la caja, que la mujer luego colocó sobre un mostrador.

Procedió luego con un instrumento que emitía luz tipo láser a cercenar la cabeza del cuerpo de Ted. Colocó la cabeza en una canasta e inclinó la plataforma de forma que escurriera la sangre dentro de un recipiente.

Después de esto, la conciencia de Ted se trasladó a otra habitación, donde había tinas llenas de un líquido rojo espeso con trozos de carne. Los grises tomaron una masa de esta sustancia y cuando la lavaron, Ted, horrorizado, vio que se trataba del cuerpo de un bebé que colocaron en uno de los muchos casilleros que rodeaban la habitación, después activaron unos aditamentos, y de los compartimientos salió el bebé pero con las características exactas de Ted.

Trasladaron el cuerpecito y lo colocaron sobre la plataforma que ya estaba vacía y sobre su pecho colocaron la caja negra que le comenzó a inducir movimientos respiratorios. Quitaron la caja y procedieron a insertarle agujas en las plantas de los pies, en el pecho y en la parte posterior de la nuca. Le pusieron algo cerca de los dedos de los pies y también unas gotas en los ojos, y le dijeron que todo era para que creciera fuerte.

Finalmente, le pusieron los audífonos y Ted comenzó a sentir su conciencia nuevamente dentro de un cuerpo, pero era el cuerpo clonado. Lo llevaron a otra habitación, donde lo esperaba un hombre vestido con un traje color morado y una larga capa, era alto y delgado, se veía más humano que los otros, pero su piel era de color blanco anaranjado, como color melón y sus ojos eran extraños, porque no tenía cejas.

Su pelo era negro y tenía un pico de viuda tan pronunciado que parecía pintado.

Este ente jaló a Ted, como reclamando su presa, pero en ese momento entró otro hombre a la habitación. Éste se veía totalmente humano, con mirada bondadosa y pelo corto y rubio. Vestía un traje antiguo color verde esmeralda con galones dorados y blancos.

Al parecer los dos hombres discutían sobre quién se quedaría con Ted. Finalmente, el que vestía ropa morada, muy molesto, se retiró y el rubio abrazó a Ted, tranquilizándolo. Le dijo a Ted que el procedimiento al que fue sometido tendría que repetirse porque era necesario para que pudiera él cumplir con el plan especial que tenían para él.

Por su corta edad, Ted apenas comprendía lo que el rubio le decía, pero entendió que sus padres también habían sido sometidos a ciertos experimentos genéticos y que todos estos experimentos estaban relacionados con la continuidad de la vida.

El rubio después llevó a Ted a un gran auditorio, donde pudo observar a muchos grises y también una gran cantidad de animales, incluyendo especies que nunca había visto; unos del tipo de Pie Grande, otros mitad humanos y mitad cucarachas, otros como mantis religiosas, otros como gusanos, otros como medio humanos y medio simios.

Del otro lado del auditorio, Ted pudo ver al hombre vestido de morado que se llevaba a dos niños, un niño y una niña que también estaban desnudos, pero la pelirroja lo alcanzó y le quitó a los niños y los reunió con Ted.

El rubio tomó a Ted en sus brazos y lo elevó para que todo el público lo viera, luego hizo lo mismo con los otros dos niños. El público parecía estar concentrando su atención en ellos y aprobando lo que se les presentaba mientras

el rubio explicaba que los niños eran idénticos a los originales y que eran el comienzo de lo que tenían planeado para las futuras generaciones en la Tierra.

Durante sus regresiones, Ted entraba en crisis, gritando que sabía que había varios dobles de él clonados, que él no era hijo de su madre porque era un producto artificial. En una abducción, le explicaron a Ted que todo el espacio está lleno de cargas positivas y negativas, lo que produce diferentes dimensiones con entidades inteligentes.

La conclusión —algo sombría— de Ted, es que estos entes nos han diseñado con energía positiva y negativa para que tanto los de una dimensión como los de la otra puedan usarnos como fuente de energía.

Violación de la abuela

En otra abducción, Ted recuerda que cuando tenía diez años, una noche se despertó mientras dormía en la habitación con su abuela paterna y vivió una horrible experiencia. Al principio tuvo una visión borrosa de los hechos pero después relata que él y su abuela fueron secuestrados por unos entes encapuchados; después vio a su abuela, aparentemente hipnotizada, siendo desvestida por los entes que parecían hacerle una pequeña perforación en la parte posterior de la cabeza.

La vistieron con un camisón blanco, le soltaron el cabello e intentaron darle algo para que rejuveneciera. Un extraterrestre reptoide intentó obligarla a tener relaciones sexuales con él, y ella lo rechazó de un manotazo mientras decía que sólo había tenido relaciones con su esposo y él ya había fallecido.

El reptoide se salió de la habitación y al rato los entes encapuchados trajeron al abuelo; la abuela, en un estado de trance, no se opuso a las relaciones sexuales con él, pero al concluir, en el momento de incorporarse, el abuelo no era el abuelo sino el ente reptil. Después la violó otro reptoide y quisieron obligarla a tener relaciones con su nieto.

Mientras Ted narraba este episodio, entraba en un estado de crisis y angustia atroz porque lo obligaron a tener sexo oral con uno de los entes. La abuela hizo un esfuerzo y dijo: "En nombre de Jesucristo, te ordeno que te detengas ahora. No podrás poseer nuestras almas." Al escuchar esto, el reptil se puso furioso y le dijo que por lo que había dicho tendría que morir, porque "ese chico nos pertenece".

Después de esto, Ted olvidó todo, se encontró nuevamente en su habitación. Al día siguiente, sin recordar más que el hecho de haber notado una presencia en su habitación, le preguntó a su abuela qué fue lo que había visto la noche anterior y ella le contestó: "El demonio."

A los dos días siguientes, la abuela murió de un infarto al corazón. Ted narró estas experiencias en episodios, porque fue en diferentes sesiones que iba recordando todo lo que había sufrido con su abuela. Además, los entes lo habían programado para que al ser hipnotizado revelara una historia diferente en distintas sesiones. Originalmente, el primer recuerdo era tan pueril como que la abuela había sido secuestrada para que compartiera con los extraterrestres la información que ella conocía sobre cómo utilizar hierbas curativas.

Ted, en las regresiones, en un principio sólo recordaba que mientras dormía con su abuela paterna ambos fueron abducidos y se sentía bendecido por los dioses y orgulloso de tener seres que le estuvieran apoyando para que él a su

vez pudiera ayudar a otras personas a través de sus lecturas psíquicas.

Posteriormente, descubrió que ese recuerdo era una programación para que no estuviera consciente de lo que verdaderamente había sucedido. Su vida está llena de situaciones que lo atormentan.

Rice comprendió que el desenlace negativo de su vida fue porque se involucró en las actividades psíquicas, lo que naturalmente correspondía a un plan de estas entidades, y reconoció que en vez de ayudar a otras personas, quizá él mismo ha sido el conducto para que se encuentren enredadas con estas malignas entidades. Lo que finalmente lo salvó fue la devoción de su abuela a Jesucristo.

En la historia de Ted apareció después una joven llamada Maya, que le enseñó temas metafísicos. Esta joven es similar a la que, con el mismo nombre, menciona Shirley Mac Laine en su libro *Out on a Limb* e idéntica a la que con el mismo nombre, se conectó con Mark, un conocido de Ted. Mark se enamoró de Maya, pero ella, igual que para la vida de Ted, desapareció misteriosamente y sin dejar huella.

Víctimas de engaños y mensajes falsos

Retomando el caso de Swerdlow, y resumiendo su versión en cuanto a los extraterrestres, se destacan algunos puntos: La mayor parte de la información pleyadana, según Swerdlow, es falsa, porque el gobierno utiliza a los "canales" o médiums para desinformar por medio del factor pleyadano. El gobierno es quien envía los mensajes a los "canales" para que estos los transmitan a la población mundial.

Sobre esto vale la pena incluir lo referente a una entrevista hecha a Rayelan Allan, fundadora y editora de la agencia *The Rumor Mill News*, cuyo portal es www.rumormillnews.com, quien revela que un militar, el almirante Raeder, le comentó sobre algunos "canales" de la Nueva Era y cómo han sido preparados por el gobierno para divulgar la información que conviene a sus planes.

Rayelan habla de una muy conocida "canal" cuyo exesposo es dentista trabajando para el gobierno, que fue quien se encargó de colocarle un implante a su esposa para que recibiera instrucciones, supuestamente de un maestro de la Atlántida, que le daba información sobre el origen del mundo, de acuerdo con lo que el gobierno desea que se crea. Rayelan, agrega que esta canal a la que hace referencia también recibió mensajes que le indicaban cómo ofrecer la venta de sus costosos caballos árabes.

De la misma forma, Rayelan explica que originalmente ella era "canal" de los "maestros ascendidos" y recibió unas crónicas que se conocen como *Obergon Chronicles*, así como mucha más información "canalizada". Dice, que después comprendió que todo le era dictado por operativos de la Inteligencia Naval. Con el tiempo, ella misma fue seleccionada por algunos elementos del gobierno para preparar a personas que debían servir de "canales", todas víctimas del engaño porque nunca se imaginaron que recibían información falsa transmitida por elementos gubernamentales, y no mensajes de extraterrestres y de "maestros ascendidos".

La mayoría de los "canales" dicen recibir mensajes de personajes que aparentan ser del sexo masculino; por lo general, los únicos que asocian sus experiencias con figuras femeninas son los que tienen visiones de la Virgen María. Estas vivencias, aunque algunos investigadores las relacio-

nan con seres de otra dimensión, seguramente no se refieren a los que conocemos como extraterrestres —aunque este término signifique seres que no son terrenales— porque en ningún caso las apariciones marianas van acompañadas por el dolor y martirio que producen los contactos extraterrestres tanto de "malos" como de "buenos"

En sus apariciones, la Virgen se comunica con amor, no utiliza la verborrea tecnológica, porque con expresiones sencillas nos enseña cómo estar unidos a Dios, nos previene de acontecimientos que pueden suceder, pero también nos comparte que en nuestras manos está rectificar cualquier situación para que no tenga consecuencias trágicas; también nos muestra cómo prepararnos para los cambios planetarios y nos alerta contra las fuerzas involutivas, pero especialmente, nos señala la importancia del amor noble y la oración, como medida protectora.

LA SOLUCIÓN

La forma de sobrevivir a todo esto consiste en darnos cuenta de que somos seres espirituales y estamos aquí para adquirir una conciencia trascendental. Cuando comprendamos nuestra propia evolución espiritual podremos entender más a los entes que llamamos "extraterrestres", que no son sino seres que también están en ese proceso evolutivo, algunos con una conciencia inferior a la nuestra, otros iguales y algunos con un desarrollo superior.

También existen los que nunca comprendieron de qué se trataba mantener la conciencia eterna y a fuerza de oponerse a la evolución se separaron de la fuente eterna y ahora pululan desesperadamente en nuestros espacios intentando robar energía para sobrevivir.

Cuando comprendamos la función del alma y cómo es necesario elevar hacia ella el resultado de pensamientos de amor, sentimientos dignos, palabras que apoyan y acciones nobles, estaremos trabajando para nuestra ascensión a la eternidad y anularemos la entrada a nuestro espacio de entidades densas y vibraciones negativas.

Una vez que lleguemos a ese estado de conciencia comprenderemos que existen seres espirituales, llamados Ángeles, que moran en dimensiones superiores, más allá del tiempo y espacio que habitan los extraterrestres y los humanos. La evolución de los Ángeles les permite asistirnos directamente, protegernos de ataques astrales y guiarnos para saber cómo actuar en cada circunstancia que se presenta en la era actual que vivimos. No estamos solos, tenemos asistencia celestial.

Los Ángeles habitan planos superiores, y ni los extraterrestres ni los ultraterrestres pueden acceder a esos espacios. Existe una diferencia entre extraterrestres, ultraterrestres y Ángeles[47]. Los extraterrestres son entidades que viven en un mundo paralelo y poseen tecnología para aparecer y desaparecer ante nuestra vista.

Un ultraterrestre es un ente que vive en algún lugar entre el mundo físico y los sub-planos, Los extraterrestres y los ultraterrestres tienen todas las debilidades del ser humano y generalmente, manifiestan características negativas.

Los Ángeles son seres espirituales que habitan planos elevados e invariablemente manifiestan amor noble.

Protección

Los Ángeles transmiten mensajes de esperanza, paz, sabiduría y consuelo. Nunca abducen ni provocan dolor. Jamás usurpan el cuerpo de un ser humano. Se comunican con él de espíritu a espíritu. Nos ayudan y ante cualquier amenaza,

---

[47] Ver la clasificación de los distintos seres en el Universo, en el libro *Ángeles y extraterrestres* de Lucy Aspra, publicado en esta misma editorial.

nuestra protección es el estado de conciencia puro y la oración porque producen elevada frecuencia, y esta vibración noble emite partículas que construyen una bóveda protectora alrededor y obstaculiza la entrada de entidades extrañas.

Cuando rezamos, continuamente estamos usando la misma frecuencia elevada, lo que modifica positivamente nuestro ADN. Las frecuencias del ADN suben o bajan según la forma en que usamos los dones que Dios nos dio, que son: la facultad de pensar, de sentir, de hablar y de actuar.

Cuanto más negativamente se usan estos dones, más oportunidad de entrar se le da a las vibraciones oscuras. Sin embargo, a través del esfuerzo podemos transformar nuestros pensamientos, de manera que emitan vibraciones de nobleza.

Una vez que logramos elevar los pensamientos, nuestros sentimientos se disciplinan con mayor facilidad y podemos conducirlos a lograr un estado digno. En el momento que ascienden las frecuencias de nuestros sentimientos, comenzamos a expresarnos con comprensión, paciencia, dulzura, y buscamos a quién apoyar con palabras que alientan y consuelan. Después de este logro, nuestras acciones estarán encaminadas hacia expresiones de amor al prójimo y respeto por toda vida en el Universo.

Para lograr este estado de conciencia, Dios ha puesto a sus celestiales mensajeros para apoyarnos, para tocar nuestro corazón, para que nos demos cuenta que están junto a nosotros y con sólo elevar nuestra petición tendremos su asistencia inmediata.

La oración es hablar con Dios y con los seres espirituales que están junto a Él. Esto se puede hacer con nuestras propias palabras o con frases estructuradas que conocemos como plegarias. En esto está nuestra esperanza.

Oración de protección al retirarse a dormir y
petición para aprender a cambiar nuestro estado
de conciencia

Padre mío, de acuerdo con tu divina voluntad, en nombre de Nuestro Señor Jesucristo, y por obra y gracia del Espíritu Santo, que esta noche, mientras duermo, mi mente y mis sueños sólo reciban la inspiración del Espíritu Santo. Te pido, señor, en el nombre de Jesús, que amarres todas las fuerzas oscuras y les prohíbas que se manifiesten en mis sueños o en cualquier parte de mi subconsciente mientras duermo. Te pido también que sea conducido por San Miguel Arcángel y por los Ángeles del cielo, para conocer más de tu mundo celestial y de cómo elevar mi conciencia hacia allí, teniendo pensamientos, sentimientos, palabras y acciones que me eleven espiritualmente.

Gracias Padre mío. Así sea.

En el libro *Ángeles y extraterrestres* expreso que "el amor a la naturaleza, y el respeto y amor noble a toda vida en el universo viene implícito con el desarrollo de la perfección espiritual a la que nos encaminan los ángeles. Los ángeles están pendientes de nuestro crecimiento espiritual, mental, emocional y físico, y cada día existen más testimonios de su intercesión, que desde nuestra perspectiva es milagrosa[...] pero una vez comprendiendo su naturaleza y sus características sabemos que su trabajo no envuelve misterio ni necesitan equipos para que lleguen a nosotros las bendiciones de Dios que ellos transportan".

Cómo pedir la asistencia de los Ángeles

A continuación, se detallan algunos puntos importantes para estar cerca de los Ángeles y solicitar su protección y su guía:

- Dios ha puesto a los Ángeles para que nos guíen, protejan y asesoren, pero es necesario que pidamos su asistencia, porque requieren nuestra autorización para manifestarse en nuestra vida. La forma de solicitarla es tan simple como decir: "Ángel de mi guarda, necesito tu ayuda; protégeme, guíame, asesórame, por favor. Gracias."

- Los Ángeles no actúan de forma mecánica. Si así fuera, el mal estaría erradicado, porque nos obligarían a tener pensamientos puros, sentimientos nobles, palabras alentadoras y de apoyo y actos dignos. Pero Dios nos dio el libre albedrío, que significa que podemos elegir lo que deseamos, y cuando pedimos asistencia celestial, estamos autorizándolos para que nos conduzcan a usar esos dones positivamente. Podemos encontrar un ejemplo aquí en la Tierra: una persona digna y respetuosa aguarda hasta ser invitada para acudir a una casa; un malandrín y perverso busca cualquier descuido para meterse, atracar y llevarse lo que puede de un hogar. Los Ángeles esperan nuestra invitación; los entes del mal se meten sin pedir permiso cuando encuentran nuestro campo electromagnético dañado.

- Cada persona tiene un Ángel guardián para guiarle y despertar su conciencia; pero cuando ha desarrollado su espiritualidad y elevado su conciencia, está

273

rodeada de muchos otros seres celestiales que le asesoran para que aprenda a ayudar a los demás.

- En numerosas ocasiones, cuando se pide ayuda angelical, llegan muchos Ángeles, si se les llama. Se presentan de acuerdo con la necesidad del momento, aun cuando el que hace la petición cree que sólo requiere la asistencia de uno. De la misma manera, aunque se piden varios, llegarán los necesarios; por eso no importa la cantidad que solicitemos, lo importante es pedir su asistencia.

Conclusión

Las personas que han tenido verdaderas experiencias místicas con Ángeles, saben que estos seres celestiales no pueden ser minimizados a simples entidades materiales con tecnología para aparecer y desaparecer ante nuestra vista, ni pueden ser confundidos con entidades con intereses egoístas que viajan en aparatos mecánicos. Los verdaderos Ángeles Celestiales no se transportan en naves físicas, no están interesados en los recursos del planeta, no se alimentan de nuestra energía, no realizan experimentos genéticos con el ser humano, no buscan mejorar ninguna raza a costa del sufrimiento de la nuestra, ni hacen pactos de ninguna clase con los gobiernos clandestinos ni con los oficiales. Acceden directamente a cada ser humano, tocan su corazón a través de enviarle mensajes de amor y pensamientos celestiales puros y nobles. Saben que algún día comprenderemos su naturaleza y sabremos con certeza que su labor es guiarnos sutilmente mientras nos cubren con vibraciones de amor.

Ni los extraterrestres, ni los seres humanos que manipulan con los genes y logran reproducir otro ser humano se

convierten en "dioses" o en "creadores", porque sólo están usando un proceso diferente a la gestación natural. La vida original salió de Dios y a Él debe volver porque la vida en la célula está unida por un hilo invisible a la Fuente Divina del Espíritu Santo, que continuamente la alimenta, sin importar que se conforme el cuerpo incubado *in vitro* o en un vientre materno.

Los Ángeles son seres que se manifiestan sólo en su espíritu. Alguna vez tuvieron características semejantes a las nuestras y a la de los extraterrestres positivos, pero hoy ya han superado los apegos que conserva la humanidad, así como los intereses egoístas que todavía mueven a los visitantes de nuestro planeta. Los "extraterrestres negativos", "intraterrestres siniestros" o entidades ínter dimensionales que aún tienen conciencia pero no están conectados a Dios; es decir, los que ya no tienen alma porque decidieron apartarse de la evolución divina, sí existen, tienen sus malignas conciencias individualizadas, con una astucia imposible de imaginar pero no tienen energía propia y son los instigadores de lo que el hombre hoy percibe como conflictos bélicos y situaciones dolorosas.

El ser humano, eventualmente deberá ascender por los escalones por los que han caminado estos maravillosos seres, porque nosotros, igual que ellos, somos hijos de Dios, por lo que somos seres espirituales, sólo que con un cuerpo físico, pero en un futuro lo desecharemos y en algún momento dentro de la eternidad tendremos que cumplir funciones semejantes a las que hoy realizan ellos. Negar la existencia de los Ángeles es negar nuestra naturaleza divina.

La palabra "extraterrestre" se usa para designar a entidades diferentes a los seres humanos, ya sea que provengan de un lugar objetivo del espacio, de uno intangible o si

son entidades que viven en el interior del planeta o en un lugar oculto para la población mundial. Poseen una tecnología tan avanzada que parece magia, y de hecho, así es como perciben su acción muchas personas sin escrúpulos que se han dejado seducir por ellos y realizan ritos para satisfacerlos. En cuanto a la naturaleza de los Ángeles, no existe ningún misterio porque sabemos que son puramente espirituales, y su acción se percibe en el gran número de casos que catalogamos como milagrosos. Este libro no está dedicado a recopilar experiencias con Ángeles, pero existen muchos destinados a esa tarea, así como programas de televisión y de radio que evidencian que estamos siendo guiados y auxiliados por seres cuya intervención positiva se da de manera instantánea con sólo pedirla mentalmente. Los Ángeles son movidos sólo por el amor noble. Los dramáticos momentos que vive la humanidad, son prueba de que algo fuera de lo normal está pasando en el planeta y se vuelve urgente que cada día busquemos más su asistencia celestial.

Siempre se ha sabido que existen fuerzas de la oscuridad, los de la faz oscura, las entidades de las sombras o entes de las tinieblas que intentan acabar con la humanidad, pero también están las fuerzas de la Luz dirigidas por San Miguel, el Arcángel de la Justicia, que nos conducen hacia el camino de amor a Dios, Nuestro Padre Celestial. Sin embargo, por respeto a nuestro libre albedrío, se requiere que cada ser humano se defina y declare de qué lado quiere estar. San Miguel quiere que despertemos al conocimiento de que es imperativo que establezcamos con nuestras propias palabras cuál es nuestra decisión. Así como es importante declarar: "Ángel mío, protégeme", "Ángel mío, guíame", "Ángel mío, asesórame", también es vital que digamos: "San Miguel Arcángel, yo te escojo como mi abogado y protector."

Los Ángeles nos están inspirando para que recordemos que no estamos solos porque ellos están supervisándonos con profundo amor, pero requieren de nuestra autorización para participar de manera más activa en nuestra vida.

A continuación, una oración para los lectores que desean elegir a San Miguel Arcángel como su protector personal, y formar parte de su ejército celestial:

Oración para escoger a San Miguel Arcángel como protector

O gran príncipe del cielo, San Miguel Arcángel, yo (*decir nombre*), confiando en tu especial bondad, conmovido por la excelencia de tu admirable intercesión y de la riqueza de tus beneficios, me presento ante ti, acompañado por mi Ángel de la guarda, y en la presencia de todos los Ángeles del cielo, que tomo como testigos de mi devoción a ti. Te escojo hoy para que seas mi protector y mi abogado particular, y propongo firmemente honrarte con todas mis fuerzas. Asísteme durante toda mi vida, a fin de que jamás ofenda los purísimos ojos de Dios, ni en obras, ni en palabras y ni en pensamientos. Defiéndeme contra las instigaciones del demonio. En la hora de la muerte, dale paz a mi alma e introdúcela en la patria eterna. San Miguel Arcángel, yo deseo formar parte de tu ejército de amor, por favor condúceme para comprender las funciones que debo realizar para estar más cerca de Dios y ser miembro digno de tu hueste celestial. Gracias. Así sea.

BIBLIOGRAFÍA

Adachi,Goro. *The Time Rivers*, Published by Goro Adachi.

Adamski,George. *Behind the Flying Saucer Mystery*, Warner Paperback Library Edition.

Aicardi,Rudolph G. *La CIA vs. los Ovnis*, Editorial Posada.

Alexander, Marius. *Todos somos extraterrestres*, Ediciones Martínez
Roca, S.A.

Alford, Alan F. *Gods of the New Millennium*, New English Library
Odre & Stoughton.

Allégre, Claude. *Dios frente a la ciencia*, Editorial Atlántida.

Amorth, Gabriel. *Narraciones de un Exorcista*, Publicaciones Kerygma.

Andrews, George C. *Extra-Terrestrial Friends and Foes*, IllumiNet
Press.

—. *Extra-Terrestrials Among us*, Llewellyn Publications.

Aodi, Emilio. *Cuando el reloj marque las 12:00*, Editorial Librored.

—. *Los motivos de la luz*, Editorial Librored.

Aspra, Lucy. *Apariciones*, Editorial La Casa de los Ángeles.

—. *Los Ángeles del destino humano, ¡Morir sí es vivir!*, volumen I,
Editorial La Casa de los Ángeles.

—. *Los Ángeles del destino humano, Quiénes somos. Adónde vamos*, volumen II Editorial La Casa de los Ángeles.

—. *Manual de Ángeles, Di ¡sí! a los Ángeles y sé completamente feliz*, volumen I Editorial La Casa de los Ángeles.

Atienza, Juan G. *Los Santos Paganos*, Robin Book

Bain, Donald. *The CIA' s Control of Candy Jones* Barricade Books.

Baldwin William J. D.D.S., Ph.D., *Spirit Releasement Therapy*,
Headline Books, Inc.

—. *Healing Lost Souls*, Hampton Roads.

—. *CE-VI, Close Encounters of the Possession Kind*, Headline Books, Inc.

Bates, Gary. *Alien Intrusion*, Master Books.

Begich, Nick. Manning, Jeane. *Angels Don't Play this Haarp* Earthpulse Press.

Benítez J.J. *Caballo de Troya*, Planeta.

Besant Annie, Leadbeater Charles W. *El hombre, de dónde vino ¿A dónde va?*

Biblia (Sagrada Biblia). Editorial Herder.

Biblia (Santa Biblia) (Casiodoro de Reina, Revisada por Cipriano de Valera). Sociedades Bíblicas Unidas.

Biblia de América. Verbo Divino.

Biblia de Jerusalén. Editorial Porrúa.

Biblia Latinoamérica. Editorial Verbo Divino.

Biblia Oahspe. Anónimo. Kessinger Publishing, LLC.

Bord, Janet. *Fairies*, A Dell Book.

Boulay, R.A. *Flying Serpents and Dragons, The Story of Mankind's Reptilian Past* The Book Tree.

Braden, Gregg. *Awakening to point zero*, Radio Bookstore Press.

Bramley, William. *The Gods of Eden*, Avon Books.

Branton. *The Dulce Wars: Underground Alien Bases & the Battle for Planet Earth*, Global Communications.

Brittle, Gerald Daniel. *The Demonologist*, An Authors Guild Backinprint.com Edition.

Brown Courtney, PhD. *Cosmic Explorers*, Signet Book.

—. *Cosmic Voyage*, Dutton Book.

Bruce, Alexandra. *The Philadelphia Experiment*, Sky Books

Bueno, Mariano. *El gran libro de la Casa Sana*, Ediciones Martínez Roca.

—. *Vivir en casa sana*, Ediciones Martínez Roca, S.A.

Bulwer Lytton, Edwards Sir. *La Raza futura*, Editorial Kier.

Byrd, Richard E. Admiral. *The Missing Diary*, Abelard Productions, Inc.

Chatelain, Maurice. *Our Ancestors Came from Outer space*, A Dell Book.

Childress, David Hatcher. *Las ciudades perdidas de Lemuria*, Ediciones Martínez Roca.

— & Shaver Richard. *Lost Continents and Hollow Earth*, Adventures Unlimited Press.

Clark, Jerome. *The UFO Book, Encyclopedia of the Extraterrestrial*, Visible Ink Press.

—. *The UFO Book*, Visible Ink Press.

Coleman, John. *Conspirators' Hierarchy: The Story of the Committee of 300*, America West.

Collins, Andrew. *From the Ashes of Angels, the Forbidden Legacy of a Fallen Race*, Bear & Company.

Commander X. *Reality of the Serpent Race & The Subterranean Origin of UFOs*,

—. *Underground Alien Bases*, Abelard Productions, Inc.

—. *Mind Stalkers*, Global Communications.

—. *The Controllers*, Abelard Productions, Inc.

—. *The Philadelphia Experiment Chronicles*, Abelard Productions, Inc.

Constable, Trevor James *Sky Creatures: Living UFOs*, S Kangaroo Book.

Constantine, Alex. *Psychic Dictatorship*, Feral House.

—. *Virtual Government*, Feral House.

—. *The Covert War Against Rock*, Feral House.

Cowan David & Chris Arnold. *Ley Lines and Earth Energies*, Adventures Unlimited Press.

— & Rodney Girdlestone. *Safe as Houses?*, Gateway Books.

— & Anne Silk. *Ancient Energies of the Earth*, Thorsons (Harper Collins Pub.).

Cuddy, Dennis Laurence. *Secret Records Revealed*, Hearthstone Publishing, Ltd.

DÁlveydre, Saint-Yves. *La Misión de la India en Europa*, Luís Cárcamo, Editor.

Daraul, Arkon. *A History of Secret Societies*, Citadel Press Book by Carol Publishing Group.

Davenport, Marc. *Visitors from Time, The Secret of the UFOs*, Greenleaf Publications.

De Marco, Frank. *Muddy Tracks*, Hampton Roads Publishing Company, Inc.

Deane, Ashayana. *Voyagers II, The Secrets of Amenti*, Wild Flower Press.

—. *Voyagers, The Sleeping Abductees*, Wild Flower Press.

Delooze, Matthew. *The Stars are Falling*, Experiencers eBooks Limited.

Dem, Marc. T*he Lost Tribes from Outer Space*, Gorgi Books, Transworld Publishers Ltd.

Desborough, Brian. *They Cast No Shadows*, Writers Club Press.

Dowbenko, Uri. *Inside Stories of True Conspiracy*, Conspiracy Digest, LLC.

281

Downing, Barry. *The Bible and Flying Saucers*, Marlowe & Company.

Ellis, Bill. *Raising the Devil*, The University Press of Kentucky.

Emoto, Masaru. *Messages from Water*, Vols. 1, 2, I.H.M. General Research Institute.

Espino, Enrique. *Revelación*, Etérica, S.A. de C.V

Faber Kaiser, Andreas. *¿Sacerdotes o cosmonautas?*, Plaza & Janés, S.A.

Farrell, Joseph P. *The Cosmic War*, Adventures Unlimited Press.

—. *The SS Brotherhood of the Bell*, Adventures Unlimited Press.

Fernandes, Joaquim & Fina D´Armada. *Heavenly Lights, the Apparitions of Fátima and the UFO Phenomenon*, EcceNova Editions.

Ferriz, Pedro. *Un mundo nos vigila*, Editorial Posada.

Fielding, Peggy. *Barbara: The Story of a UFO Investigator*, AWOC. COM.

Fiore, Edith. *The Unquiet Dead*, Ballantine Books, New York

Flindt, Max H, and Brinder Otto O. *Mankind: Child of the Stars*, A Fawcett Gold Medal Book.

Fowler Raymond E. *The Andreasson Affair, Phase Two*, Wild Flower Press.

—. *The Andreasson Affair*, Prentice-Hall, Inc.

—. *The Watchers II*, Wild Flower Press.

—. *The Watchers*, Bantam Books.

—. *UFO Testament*, Writers´ Showcase.

—. *UFOs: Interplanetary Visitors*, Prentice Hall, Inc.

Frangipane, Francis. *The Three Battlegrounds*, Arrow Publications.

—. *The Jezebel Spirit*, Arrow Publications

Freixedo, Salvador. *¡Defendámonos de los dioses!*, Editorial Posada.

—. *Ellos, Los dueños invisibles de este mundo*, Editorial Posada.

—. *Extraterrestres y creencias religiosas*, Círculo Internacional de estudios cósmicos y de la investigación del fenómeno OVNI.

García Rivas, Heriberto. *Las visiones del profeta Ezequiel*, Editorial Posada.

García, Yohana. *Francesco, una vida entre el cielo y la tierra*, Grupo Editorial Lumen.

Gardiner, Philip. *Sociedades secretas*, Alamah.

—. *Secrets of the Serpent*, Real2Can Books.

Good, Timothy. *Unearthly Disclosure*, Arrow Books Limited.

Goodrick-Clarke, Nicholas. *The Occult Roots of Nazism*, New York University Press

Goswami, Amit, Ph.D. *The Self-aware Universe*, Penguin Putnam Inc.

Green Beckley, Timothy. *The Smoky God and other Inner Earth Mysteries*, Inner Light Pub.

Greer, Steven M. MD. *Disclosure*, Crossing Point, Inc.

Haley, Leah A. *Unlocking Alien Closets: Abductions, Mind Control and Spirituality*, Greenleaf Publications.

Hall, Manly P., *The Secret Teachings of all ages*, The Philosophical Research Society, Inc.

Hamer, Dean. *The God Gene*, Doubleday.

Hammond, Frank. *Demons & Deliverance*, Impact Christians Book.
— and Ida Mae. *Pigs in the Parlor*, Impact Books, Inc.

Hancock, Graham. *Fingerprints Of The Gods*, Three Rivers Press.
—. *Supernatural*, The Disinformation Company Ltd.
—. *The Sign and the Seal*, Simon & Schuster, Inc.

Harner, Michael. *The Way of the Shaman*, Harper San Francisco.

Harpur, Patrick. *Daemonic Reality*, Pine Winds Press.

Hart, Will. *The Genesis Race*, Bear & Company.

Hasemann, Michael. *Hidden Agenda. The Fatima Secret*, A Dell Book.

Hazlewood, Mark. *Blindsided, Planet X Passes in 2003*, Firstpublish.

Hermes, Trismegisto. *La Atlántida, su existencia y desaparición*, Editorial Humanitas Hermes.
—. *Las Tablas Esmeralda de Trismegisto o Thoth el Atlante*, Editorial Solar.

Holzer, Hans. *The UFO-nauts*, Fawcett Gold Medal.

Hopkins, Budd and Carol Rainey. *Sight Unseen*, Atria Books.

Hopkins, Budd. *Intrusos*, Edaf, Madrid.

Horn, Arthur David Dr. *Humanity's Extraterrestrial Origins* Silberschnur.

Hurley, Matthew. *The Alien Chronicles* Quester Publications.

Hynek, Allen J. *The UFO Experience*, Ballantine Books.

Hynek, J. Allen, Dr. *The Hynek UFO Report*, A Dell Book.

Icke, David. *...And the Truth Shall Set You Free*, Bridge of Love Publications.
—. *Alice in Wonderland and the World Trade Center Disaster*, Bridge of Love Pub. USA.
—. *Children of the Matrix*, Bridge of Love Publications USA.
—. *Infinite Love is the Only Truth, Everything Else is Illusion"*, Bridge of Love Pub., USA.
—. *Tales From the Time Loop*, Bridge of Love Publications USA.
—. *The Biggest Secret*, Bridge of Love Publications USA.
—. *The Robot's Rebellion* Gill & Macmillan Ltd.

Ireland-Frey, Louise M.D. *Freeing the Captives*, Hampton Roads Publishing Co. Inc.

Jacobs, David M. PH.D., *Secret Life*, Simon & Shuster.

—. *The Threat*, A Fireside Book by Simon & Shuster.

Jones, Ann Madden. *The Yahweh Encounters*, The Sandbird Publishing Group.

Keel, John A. *Operation Trojan Horse*, IllumiNet Press.

—. *Our Haunted Planet*, Galde Press, Inc.

—. *The Complete Guide to Mysterious Beings*, A Tor Book.

—. *The Mothman Prophecies*, A Tom Doherty Associates Book.

Keith, Jim. *Mind cControl and UFOs: Casebook on Alternative 3*, Adventures Unlimited Press.

—. *Saucers of the Illuminati*, Adventures Unlimited Press.

Kramer Heinrich y Jacobus Sprenger. *El Martillo de las brujas* (Malleus Maleficarum)

Krapf Phillip H. *The Challenge of Contact*, Origin Press.

—. *The Contact has Begun*, Hay House, Inc.

Lammer y Marion Helmut, *Milabs: Military, Mind Control & Alien abductions"*, IllumiNetPress.

La Maya, Jacques. *Tu casa es tu salud*, Sirio.

Las Heras, Antonio. *Encuentros extraterrestres de tercer tipo*, Editorial Posada.

—. *Informe sobre los visitantes extraterrestres y sus naves voladoras*, Editorial Posada.

Leadbeater, C.W. *Los maestros y el sendero*, LC Ediciones.

Legrais B. y G. Altenbach. *Salud y cosmotelurismo*, Heptada.

Leir Roger K., Dr. *Hidden Agenda, Casebook: Alien Implants*, A Dell Book.

Levenda, Peter. *Sinister Forces, a Grimoire of American Political Witchcraft*, Trine Day.

—. *Unholy Alliance*, The Continuum International Publishing Group Inc.

Levi. *El Evangelio de Acuario de Jesús el Cristo*, Edicomunicación, S.A.

Lewels, Joe. Ph.D., *The God Hypothesis*, Wild Flower Press.

Lieberman, Philip. *Human Language and our Reptilian Brain*, Harvard University Press.

Lieder, Nancy. *ZetaTalk*, Granite Publishing, LLC.

Lorgen, Eve. *Love Bite*, ELogos & HHC Press.

Lugo, Francisco Aniceto. *Misterios Terrestres y Extraterrestres*, Editorial Posada.

Mack, John E. MD, *Abduction*, Wheeler Publishing Inc.

Maclellan, Alec. *The Lost World of Agarthi*, Souvenir Press.
MacNutt, Francis. *Deliverance from Evil Spirits*, Chosen Books.
—. *The Power to heal*, Ave Maria Press.
Marrs, Jim. *Alien Agenda*, Perennial.
—. *Psi Spies* Alien Zoo Publishing.
—. *Rule by Secrecy*, Perennial, Harper Collins Publishers.
Marrs, Texe. *Codex Magica*, River Crest Publishing.
—. *Project L.U.C.I.D.*, Living Truth Publishers.
Martin, Malachi. *Hostage to the Devil*, Harper San Francisco.
Maurey, Eugene. *Exorcism*, Whitford Press.
McMoneagle, Joseph. *Remote Viewing Secrets*, Hampton Roads.
Mellas, Landi B. Caywood David E., *The Other Sky*, Blue Star Productions.
Merz, Blanche. *Pirámides, catedrales y monasterios*, Ediciones Martínez Roca S.A.
Modi, Shakuntala. M.D., *Memories of God and Creation*, Hampton Roads Publishing Co. Inc.
—. *Remarkable Healings*, Hampton Roads Publishing Co. Inc.
Mooney, Richard E. *Colony: Earth*, A Fawcett Crest Book.
—. *Gods of Air and Darkness*, Stein & Day, Publishers.
Morehouse, David. *Psychic Warrior*, St. Martin' s Paperback.
Mott, William Michael. *Caverns, Cauldrons and Concealed Creatures*, TGS-Hidden Mysteries.
Moynihan, Michael and Soderlind Didrik. *Lords of Chaos: The Bloody Rise of the Satanic Metal Underground*, Feral House.
Narby Jeremy, *The Cosmic Serpent – DNA – and the Origins of Knowledge*, Putnam.
Nichols, Preston B. & Moon Peter. *Pyramids of Montauk*, Sky Books New York.
—. *Encounter in the Pleiades: an Inside Look at UFOs*, Sky Books.
—. *The Montauk Project, Experiments in Time*, Sky Books New York.
Nichols, Preston. *The Music of Time*, Sky Books.
O'Brien, Cathy. Phillips Mark *Trance Formation of America*, Reality Marketing ; Incorporated.
Occhiogrosso, Peter. *The Joy of Sects*, Image Books Doubleday.
Ortiz de la Huerta, Carlos. *Contactos extraterrestres en México*, Editorial Posada.
Orwell, George. *1984*, A Signet Classic.
Pauwels L. y Bergier J., *El retorno de los brujos*, Plaza & Janés, S.A.
Piccard, George. *Liquid Conspiracy*, Adventures Unlimited Press.

Picknett, Lynn & Prince Clive, *The Stargate Conspiracy*, Berkley Publishing Group.

—. *The Templar Revelation*, A Touchstone Book by Simon & Shuster.

Platón. "La República", *Diálogos,* Edimat Libros, S.A.

Pomeroy, Crystal. *Los Pergaminos de la Abundancia*, Editorial Alquimia Science Project.

Prince Derek. *Blessing or Curse, You Can Choose*, Chosen Books.

—. *They Shall Expel Demons*, Chosen Books.

Pugh, Joye Jeffries Dr., *Eden, the Knowledge of Good and Evil*, Tate Publishing, LLC.

Rawlings, Maurice S. M.D., *To Hell and Back*, Thomas Nelson Publishers.

Reyes Spíndola, Lilia. *Los Ángeles; Maestros de luz y Conciencia*, Edaf.

Ribadeau-Dumas, Francois. *El Diario secreto de los brujos de Hitler*, Editorial Planeta.

Ribera, Antonio. *¿De veras los Ovnis nos vigilan?*, Plaza & Janés Editores.

—. *Abducción*, Ediciones del Bronce.

Ring, Kenneth. PH.D. *The Omega Project*, William Morrow and Company, Inc.

Ripley' s*Star Space UFOs*, A Kangaroo Book.

Robbins, Dianne. *Telos*, Mt. Shasta Light Publishing.

Robin, Jean. *Hitler, el elegido del dragón*, Editorial Planeta.

Royal Lyssa, Priest Keith, *Preparing for contact*, Royal Priest Research Press.

Sáenz, Juan Ramón. *Las historias ocultas de la mano peluda*, Planeta.

Sagan, Carl. *Los Dragones del Edén*, Editorial Grijalbo.

Sagan, Samuel, M.D., *Entity Possession*, Destiny Books.

Salla, E. Michael. PhD, *Exopolitics, Political Implications of the Extraterrestrial Presence*. Dandelion Books Publication.

—. *Exposing U.S. Government Policies on Extraterrestrial Life*, The Exopolitics Institute Publication.

Sánchez, Marta. *Los Ángeles en mi vida*, Edición del Autor.

Sanderson, Ivan T., *Invisible Residents*, Adventures unlimited press.

Sargant, William. *Battle for the Mind*, Malor Books.

Schellhorn, G. Cope. *Extraterrestrials in Biblical Prophecy*, Horus House Press, Inc.

Schlemmer, Phyllis V., *The Only Planet of Choice*, Gateway Books.

Sherman, Dan. *Above Black. Project Preserve Destiny*, Morris Publishing.

Sitchin, Zecharia. *Divine Encounters*, Avon Books, New York.

—. *Genesis Revisited*, Avon Books, New York.

—. *The Cosmic Code*, Avon Books, New York.

—. *The Lost Book of Enki*, Bear & Company.

—. *The Lost Realms*, Avon Books, New York.

—. *The Stairway to Heaven*, Avon Books, New York.

—. *The Wars of Gods and Men*, Avon Books, New York.

—. *When Time Began*, Avon Books, New York.

Sparks, Jim. *The Keepers*, Wild Flower Press.

Springmeier, Fritz. *Be Wise as serpents*.

—. *Bloodlines of the Illuminati*, Ambassador House.

—. *Formula to Create Mind Control Slaves*.

Standish, David. *Hollow Earth*, Da Capo Press.

Steiger, Brad. *Mysteries of Time and Space*, Dell Publishing Co., Inc.

Steiner, Rudolf. *La Educación práctica del pensamiento, San Miguel y el Dragón*, Col. Biblioteca Esotérica.

Stevens, Henry. *Hitler's Flying Saucers* Adventures Unlimited Press.

Strassman, Rick. *DMT The Spirit Molecule*, Park Street Press.

Streiber, Whitley. *Communion*, Avon Books.

—. *Confirmation*, St. Martin's Paperbacks.

—. *The Secret School, Preparation for Contact*, Harper Paperbacks.

Sullivan, Kathleen. *Unshackled: A Survivor's Story of Mind Control* A Dandelion Books Pub.

Sutphen, Dick. *The Battle for your Mind*, www.hiddenmysteries. com/freebook/neuro/suphen.html.

Swartz, Tim. *Secret Black Projects of the New World Order*, Abelard Productions Publishing.

Swerdlow, Stewart A. *Montauk, the Alien Connection*, Sky Books, New York.

Swerdlow, Stewart A. *Blue Blood, True Blood*, Expansions Publishing Company, Inc.

Talbot, Michael. *The Holographic Universe*, Harper Perennial.

Tapestra Angelico. *The Universal Seduction*, Vols. 1, 2 3, The Rose Garden.

Tellinger, Michael. *Slave Species of God*, A Music Masters Book.

Thompson, Keith. *Angels and Aliens*, Ballantine Books.

Trench, Brinsley lePoer. *Temple of the Stars*, Ballantine Books.

Trundle, Robert, PhD. *Is E.T Here?*, EcceNova Editions.

Tsarion, Michael. *Atlantis: Alien Visitation and Genetic Manipulation*, Angels at work Pub.

Turner, Karla. *Masquerade of Angels*, Kelt Works.

Valerian Val. *The Matrix Golden Edition.*

Vallee, Jacques & Janine. *The UFO Enigma*, Ballantine Books.

Vallee, Jacques. *Revelations*, Ballantine Books.

—. *Pasaporte a Magonia*, Plaza & Janés.

Vázquez, R. Modesto. *¡Extraterrestres?*

Vesco, Renato & David Hatcher Childress. *Man-made UFOs 1944-1994*, AUP Pub. Network.

Victorian, Armen Dr. *Mind Controllers*, Lewis International Inc.

Von Däniken, Erich. *El mensaje de los dioses*, Ediciones Martínez Roca, S.A.

Waeber, Rolf. *An Overview of Extraterrestrial Races: Who is Who in the Greatest Game of History*, Trafford Publishing.

Wagner, Doris M.. *How to Cast Out Demons*, Renew.

Webre, Alfred Lambremont. *Exopolitics, Politics, Government, and Law in the Universe* Universe Books.

Williamson, George Hunt. *Other Tongues, Other Flesh*, BE, Books.

Wilson, Katharina. *The Alien Jigsaw*, Puzzle Publishing.

Wilson, Clifford, Dr. *The Alien Agenda*, A Signet Book.

Wilson, Robert Anton. *Cosmic Trigger*, Vol. I, II, New Falcon Publications.

Wilson, Robert Anton. *Everything is Under Control*, Harper Perennial.

—. *Prometheus rising*, New Falcon Publications.

—. *Quantum Psychology*, New Falcon Publications.

Este libro terminó de imprimir
en noviembre de 2009 en COMSUDEL S.A. de C.V.,
en Real Madrid # 57 Col. Arboleadas del Sur
C.P. 14370, Tlalpan, México, D.F.